골목상권
챔피언들

골목상권 챔피언들

그들은 어떻게 거인들과의 싸움에서 승리했는가?

조성진 지음

이안우

차례

프롤로그: 무조건 열심히 해서 이기는 게임은 끝났다 — 8

- 골목 상권이 공룡들에게 잠식되고 있다
- 대한민국은 더 이상 자영업의 천국이 아니다
- 국가 정책만이 살길인가
- 정말 살길이 없나

1장 그들의 성공 방정식은 우리가 생각하는 상식 밖에 있었다 … 23

- 쓰키다시 물개 요리 그리고 고래고기
- 복라면의 탄생
- 사장이 2년마다 본점을 옮기는 이상한 음식점
- 골리앗은 그들의 인간미를 흉내 낼 수 없다

- 배짱으로 시작한 도전
- 난 마이너, 매니아를 공략한다
- 전단지 금지
- 회사에 나오든 말든 자유

2장 그 흔하기도 흔한 말 "준비하라" … 53

- 경험하고 또 경험하라

- 김밥 한 줄도 특별하게
- 어느 날 다가온 행운
- 작은 가게, 큰 서비스
- 종류가 다양하면 장땡?

- 그들은 날 미친놈이라 불렀다
- 거인과의 혈투 – 딘타이펑과 대결하다
- 메뉴판에도 법칙이 있다
- 내 취미는 음식 싸오기
- 나와의 싸움에서 승리하라! 초심!

3장 그들은 달랐다 85

- 바로 '그' 카레를 찾아서
- 다시 일어선다는 것
- 무한리필! 무한토핑! 그리고 대파 마늘 후레이크!
- 당신에게 맞춰드립니다
- 거인들에게도 약점은 있다

- 음식 장사나 한번 해볼까?
- 운과 실력의 사이에서
- 일본 벤또를 찾아서
- 나는 요리 못하는 음식점 사장
- 일요일에 노는 미친 음식점을 꿈꾸며

4장 거인의 심장을 훔치다 115

- 샌프란시스코의 단골가게

- 들어는 봤는가? 깻잎 아이스크림
- 돈을 꿔주는 단골

- 후미진 골목 한 귀퉁이에서
- 햄버거에도 손맛을 담아서
- 억대 연봉 주방장이 만드는 햄버거

5장 장사꾼를 넘어 장인의 마음으로 ·················· 141

- 오뎅이 없는 오뎅식당
- 손님의 경조사까지 챙기는 사장
- 음식장사의 독(毒)

- Since 1945
- 앙금빵을 우습게 보는 이들에게
- 진심! 진심! 진심!
- 시아버지의 원칙
- 하루 정해진 수량만 팝니다!
- 한 달에 두 번 쉬는 이유

6장 1년간의 취재기를 마치며 ·················· 167

- 법으로 그들을 막겠다고?
- 장사는 목이라고?
- 거인과 함께라면 된다고?
- 그들의 '한방'
- 새로운 챔피언들을 꿈꾸며

골목상권
챔피언들

무조건 열심히 해서 이기는 게임은 끝났다

골목 상권이 공룡들에게 잠식되고 있다

"30여 년간 사랑해주신 고객께 감사 말씀 올립니다. 부득이한 사정으로 인해 1월 31일을 마지막으로 폐점하게 됐습니다." 2012년 새해가 뜬 1월 서울 마포구 홍익대 앞 명물로 불렸던 '리치몬드과자점'은 해가 지고 있었다.

리치몬드과자점은 1979년 창업한 국내 대표 '전통 빵집' 중 하나였다. 전국에 수천 개씩 점포 수를 늘려가며 몸집을 부풀리는 파리바게뜨, 뚜레쥬르 같은 대기업 프랜차이즈 빵집들과 달리, 홍대 앞과 성산동, 이화여대 이 3곳의 직영점만 운영하는 고집스런(?) 빵집이기도 했다.

홍대 앞에 둥지를 튼 건 1986년부터였다. 홍대 앞 사거리에 자리잡은 데다 매장도 264㎡(80평)로 널찍하고 빵 종류도 다양해 입소문이 났다. 그리고 2000년대, 대기업 계열 프랜차이즈가 거대한 몸집과 마케팅력으로 골목 상권들을 비집고 들어와 영세한 주변 빵집들이 줄줄이 문을 닫는 와중에도 'Since 1979'를 자랑하던 이 빵집은 꿋꿋이 버텼다. 하지만 이름난 중견 빵집도 결국 자본의 공세에 무너졌다. 리치몬드과자점 관계자는 "프랜차이즈 빵집이 주변에 늘어나면서 매출이 약간 줄긴 했지만, 건물 주인이 임대료 인상을 명목으로 나가달라고 한 게 결정적인 폐점 이유"라고 말했다.

이 건물에는 롯데그룹 계열인 엔제리너스 커피전문점이 입점해 있다. 엔제리너스 쪽은 "부동산을 통해 매물이 있다는 소식을 듣고 계약을 한 것이지 제과점을 일부러 밀어낸 건 아니다"라고 설명했다. 하지만 국내 8대 제과 명장(名匠)이 운영하는 리치몬드제과 홍대점이 대기업 등쌀에 밀려 30년 만에 문을 닫았다는 비난을 피하기는 어려워 보인다.

임대료 인상 때문에 잘되던 가게도 어쩔 수 없이 폐업으로 내몰리는 상황은 서울 강남의 신사동 가로수길이나 명동 같은 다른 지역에서도 비일비재하다. 상권이 형성되고 장사가 된다 싶으면 어김없이 대기업 계열 프랜차이즈가 건물주에게 접근해 임대료를 대

폭 올리게 하고, 견디다 못한 중소상인이 계약을 포기하면 매장을 신규 개점하는 식으로 자리를 뺏어버린다. 얼마 전 만난 동네제과점 사장도 울분을 토하며 이렇게 현실을 이야기했다.

"어느 날 모 프랜차이즈 빵 영업자가 저희 상점을 찾았습니다. 번듯한 명함을 내밀며 프랜차이즈 가입을 권유했습니다. 고민이 살짝 들기도 했지만 전 제 이름을 건 동네빵집을 지키기로 마음먹었습니다. 물론 현실적인 문제도 있었습니다. 가맹점 비용에 이것저것 금전적인 부담도 만만치 않았습니다. 그렇게 거절한 이후 다시 그 영업자가 저를 찾았습니다. 저희 집 옆에 가게를 열겠다는 사실상의 협박이었습니다. 결국 울며 겨자 먹기로 그의 제안을 받아들였습니다. 그 후 한때 유행했던 말처럼 살림살이가 좀 나아졌느냐고요? 답은 다 아시지 않습니까? 주변에 있는 빵집 한번 세어보십시오. 잘될 수 있는 판인지. 매장 리뉴얼이니 뭐니 해서 돈 뜯어가지 않으면 다행인 거죠."

영세상인들은 이런 거인들의 횡포에 도저히 버텨낼 재간이 없다.

로버트 라이시 전 미국 노동부 장관은 조선일보가 주최한 아시안 리더십 콘퍼런스에서 아래와 같이 현 상황들을 비판했다. 그는 "1928년과 2007년은 상위 1% 대기업에 소득이 가장 집중된 해였다"고 지적했다. 그 두 해 모두 미국의 상위 1% 대기업에 소득의 23%가 몰리면서 내수가 죽고 경제성장이 정체되고 결국 세계경제가 위기에 빠졌다는 것이다. 1929년 경제대공황, 2008년 금융위기의 충격도 그런 배경에서 잉태됐다고 설명했다.

소상공인은 우리 경제의 모세혈관과 같다. 소상공인이 주류를 이루고 있는 골목상권의 몰락은 지역사회의 활기를 떨어뜨리고 국가경제를 병들게 한다.

대한민국은 더 이상 자영업의 천국이 아니다

그렇다고 골목상권 몰락의 문제를 전부 거인들만의 탓으로 돌릴 수만도 없다. 우선, 현실부터 직시할 필요가 있다. 국내 자영업자 가운데 절반 이상이 3년을 채 버티지 못하고 문을 닫고 있다. 2012년 7월 현대경제연구원이 내놓은 '자영업은 자영업과 경쟁한다' 보고서에 따르면 2004년에서 2009년 사이 연평균 약 61만 개의 사업체가 새로 생성됐다가 약 58만 개가 퇴출된 것으로 조사됐다. 신규 사업체의 평균 생존율은 1년 72.6%, 2년 56.5%, 3년 46.4%로 절반 이상의 신규 사업체가 3년도 채 못 버티고 문을 닫왔다. 특히 퇴출당하는 사업장의 절반 이상은 은퇴한 베이비부머가 주로 뛰어드는 도·소매업과 숙박·음식점 분야가 대부분이었다.

도·소매업은 연평균 약 15만 개의 신규 사업체가 생겼지만 이보다 많은 매년 15만 5천 개의 사업체가 폐업했고, 숙박·음식점업 역시 연평균 약 12만 4천 개가 새로 생겨났지만 평균 12만 7천 개씩 문을 닫았다. 퇴출이 빈발하면서 고용불안도 심각한 수준이 됐다. 연평균 216만 9천 명의 종사자가 신규 진입하고 187만 8천 명이 사업을 접어, 매년 진입하는 종사자의 약 86.6%에 해당하는 수가 짐을 쌌다.

이렇게 자영업자가 많이 문을 닫는 이유는 자영업에 진출하는 사람이 급증한 데다 음식점이나 숙박업소처럼 창업이 비교적 쉬운 생활밀착형 업종에 몰리면서 과당경쟁이 일어나고 있기 때문이다. 2010년 기준 경제협력개발기구(OECD) 평균 자영업자 비율은 15.9% 수준이지만 한국은 28.8%로 전체 4위 수준이다.

서울시만 해도 미용실, 학원, 치킨점, 제과점 같은 생활밀접형 자영업체는 1km^2당 평균 5개 이상 분포하고 있다. 빡빡하게 몰려 있다 보니 실제 자영업자의 41.2%가 주변 자영업자를 주된 경쟁자로 인식하고 있다. 대형업체(25%)나 인터넷·TV홈쇼핑(4.5%)을 경쟁자로 보는 자영업자는 전체의 3분의 1도 안 됐다.

창업자금이 5천만 원 미만인 자영업자가 늘어나면서 영세화가 깊어지고 수익성이 미약한 데다 가계부채마저 심각하다는 점 등도 문제점으로 꼽혔다. 2013년 1분기에 자영업자들의 소득은 3년 6개월 만에 마이너스로 돌아섰다.

한국은행과 통계청에 따르면 자영업자가 대부분인 근로자 외 가구(도시·2인 이상)의 2013년 1분기 월평균 소득은 335만 9천 423원이었다. 이는 지난해 같은 기간(337만 7천 648원) 대비 0.5% 감소한 것이다. 근로자 외 가구의 소득이 감소한 것은 글로벌 금융위기가 한창이던 지난 2009년 3분기(-1.3%) 이래 처음 있는 일이다.

근로자 외 가구의 경우 소득은 줄어든 반면 이자부담은 늘었다. 근로자 외 가구의 2013년 1분기 월평균 이자비용은 8만 5천 650원으로 전년동기 대비 6.6% 늘어났다. 이에 반해 근로자 가구는 올 1분기 이자비용이 전년동기 대비 6.7%나 감소했다. 이처럼 근로자 외 가구의 소득이 줄고 이자부담이 늘어난 것은 최근 경기부진으로 내수 침체가 이어지고 있기 때문으로 풀이된다.

자영업자의 월평균 소득은 약 150만 원에 그쳤지만 가계부채는 임금 근로자의 두 배인 평균 9천만 원 수준이었다. 자영업 위기의 주된 원인으로 이전까지는 시장 환경을 탓했지만 이제는 자영업자 간의 지나친 경쟁이 꼽힌다. 김광석 현대경제연구원 선임연구원은 "자영업 위기의 주된 원인은 자영업자 간의 지나친 경쟁"이라고 지적했다.

국가 정책만이 살길인가

그렇다면 이러한 문제의 심각성을 인지한 상황에서 이를 타개할 주체는 누가 될 수 있는가? 국가? 이러한 생각은 착각에 불과하다. 같은 이념적 노선을 걷는 이명박 정부와 박근혜 정부조차도 정책이 극과 극을 달리는 형국이다.

이명박 정부는 자영업자들의 시장 경쟁력을 강화해준다는 명분 아래 프랜차이즈 산업을 적극적으로 육성했다. 이명박 정부는 정권 출범 1년 7개월 만인 2009년 9월 국가경쟁력강화위원회를 통해 '자영업자 경쟁력 강화를 위한 프랜차이즈 산업 활성화 방안'을 내놓았다. 자영업자를 대규모로 조직화해 규모의 경제를 실현시켜 경쟁력을 키워주고 가맹점 1천 개 이상의 대형 프랜차이즈를 10개 수준에서 2012년까지 100개로 늘리겠다는 게 주 내용이었다. 골목상권 상인들로 기업형 프랜차이즈의 브랜드 우산 아래에서 자생력을 키워갈 수 있게 하겠다는 발상으로 풀이된다.

언뜻 이 정책만 잘 따르면 자영업자들의 살림살이가 나아질 것 같았다. 하지만 이명박 전 대통령의 진짜 목적은 상인이 아니라 실업률을 낮추는 데 있었던 게 아닌가 하는 의구심을 지울 수 없다. 이명박 전 대통령의 프랜차이즈 산업 육성책은 자영업자 살리기라는 목적 달성보다는 일자리를 찾지 못한 이들을 자영업 분야로 끌어들이는 수단으로써 역할에 충실했다고 판단되기 때문이다. 이는 통계로 증명이 된다.

이명박 정부가 출범한 2008년은 글로벌 금융위기의 한파가 고용시장을 휩쓸면서 일자리는 14만 5천 개 늘어나는 데 그쳤다. 국가경제가 안정적으로 굴러가기 위한 신규 일자리 창출규모인 약 30만 개[(연간 생산가능 인구 증가(40만~50만 명)*고용률(약60%))의 절반에도 못 미친 것이다. 이명박 정부 2년차인 2009년에는 일자리가 새로 생기기는커녕 아예 있던 일자리 7만 2천 개가 공중에서 사라졌다. 자영업 종사자는 오히려 늘었다.

특히 자영업자들이 선호하는 업종의 쏠림 현상은 심화됐다. 치킨과 피자가 대표적이다. 치킨 사업체 수는 2만 7천여 개(통계청·2010년 말 기준), 피자 사업체는 5천여 개로 추산됐다. 치킨·피자 사업체의 프랜차이즈 가입률은 각각 74.8%, 66.6%로 다른 음식업종

(14.7%)에 비해 월등히 높았다. 이처럼 동네상권에 자영업자들이 더 늘어나면서 기존 상인들의 경쟁력이 강화됐다기보다는 경쟁만 심화됐다.

반면 가맹점을 늘린 프랜차이즈 본사는 금고에 돈이 쌓여갔다. 개별 점주들은 장사에 어려움을 겪는 반면 프랜차이즈 본사는 정부의 육성책을 등에 업고 급성장했기 때문이다. 2012년 현재 등록된 프랜차이즈 본사 수만 2천 7백여 개에 달했다. 그런데도 당시 지식경제부(현 산업통상자원부)는 대기업 프랜차이즈 본사 지원책을 계속해서 쏟아냈다. 반면 인테리어 비용 전가, 본사 물량 떠넘기기 등 프랜차이즈 본사의 각종 횡포에는 미온적으로 대처했다. 공정거래위원회가 가맹점주와 같은 약자를 보호하기보단 프랜차이즈 본사들간 '경쟁을 보호하고 복 돋우는 데' 급급했다는 지적이 나올 정도였다. 자본 경쟁력이 약한 자영업자에 대한 재무적인 지원책도 미미했다.

경향신문에 따르면 중소기업청은 지난해 '소상공인 정책자금'으로 총 4천 250억 원을 예산으로 배정했다. 그런데 이 돈은 상반기에 대부분 소진됐다. 중기청은 하반기 자금 800억 원을 추가 배정했다. 그러나 추가 배정 4일 만에 '우선지원자금'이 모두 소진됐다. 남아 있는 돈은 풍수해, 나들가게 등을 대비한 특정지원자금 일부

뿐이다.

2012년 정책자금을 신청한 자영업자는 2만 2천 821명에 달하고 이들의 요청 자금은 8천 900억 원 규모다. 정부 지원예산이 자영업자의 자금 수요를 따라가지 못하는 것이다.

결국 자영업자들은 은행에 손을 벌릴 수밖에 없다. 통계청에 따르면 2012년 3월 현재 자영업자 가구의 자산 대비 부채 비율(DTA)은 18.2%로 상용근로자 가구 17.0%보다 1.2%포인트 높았다. 저축액 대비 금융부채 비율은 77.8%로 상용근로자 가구 56.2%에 비해 21.6%포인트나 높았다. 처분가능소득 대비 금융부채 비율(DTI)은 146.1%로 상용근로자 가구(83.7%)보다 차이가 많이 났다. 특히 고용원이 있는 자영업자 가구는 비율이 209.4%에 달했다. 자영업자 가구의 담보 또는 신용대출을 용도는 '사업자금 마련'이 50.8%로 가장 많았다. 다음은 '거주주택 마련', '거주주택 이외 부동산 마련' 순이었다.

더 큰 문제는 자영업자의 경쟁력 강화책이 전무하다시피 하다는 점이다. 소상공인진흥원과 고용노동부, 지방자치단체 등에서 교육프로그램을 제공하고 있지만 교육프로그램의 질은 떨어지고 개설된 과목 수도 많지 않다는 게 문제로 지적된다. 심지어 지방에서는 이런 혜택조차 구경하지도 못하고 있는 실정이다.

박근혜 정부는 이명박 정부의 프랜차이즈 산업 육성 정책의 폐해를 눈으로 봐왔기 때문에 반대의 노선을 탔다. 프랜차이즈는 동네상권을 망친 대기업이라는 시선으로 바라보면서 대기업 프랜차이즈의 신규 사업 및 출점 제한 등 각종 규제의 칼날을 들이대고 있다. 본인의 정책 공약이기도 한 '경제민주화'를 위해서도 프랜차이즈 본사를 더 이상 지원할 수 없게 된 것도 한 원인이다.

그러나 프랜차이즈 업계에서는 빈대 무서워서 초가삼간 다 태우는 격이라는 말이 나올 정도로 부정적인 입장을 취하고 있는 현실이다. 그렇다고 골목상권 상인들이 환영의 목소리를 내는 것도 아니다. 이렇듯 정부의 정책도 오락가락하다 보니 시장 상인들은 정부에 기대기보다는 스스로 살아갈 길을 찾는 것이 더 빨라 보인다.

정말 살길이 없나

그러나 생존을 위한 길이 전혀 없는 것은 아니다. 우리 주변, 골목 구석구석엔 이 정글의 현장에서 적게는 수 년, 많게는 몇십 년을 꿋꿋하게 버텨온 산 증인들이 있다. 오늘 이 순간에도 거인들과의 처절한 싸움에서 생존을 넘어 당당히 승리를 거머쥔 그런 골목상권의 챔피언들이 말이다.

내가 이들에게 관심을 기울인 것은 약 1년 전쯤이 된다. 거인들과의 전쟁에서 패배의식 지어진 골목상권의 소시민들, 이 사회의 성실한 그러나 위기에 몰린 그들에게 응원의 메시지를 던져주고 싶었다. 성공한 승자들의 이야기를, 그들의 노하우를 알려주는 것, 그게 하나의 작은 시작점이자 방법이라 생각했다.

이전까지는 자영업 위기의 원인을 시장환경과 국가 정책적인 측면에서 접근했다면, 나는 위기에 직면한 그들 바로 상인의 관점에서 원인을 진단하고 문제를 해결하고 싶었다. 궁극적으로 그들의 경쟁력을 높여줄 수 있는 관심 그리고 방법을 찾아야 할 때라고 생각했다.

시장을 바꾸는 것은 정책도 정치인도 아닌 결국 상인이다. 그 사람들의 이야기, 난 그 이야기에 주목했다. 그리고 그 이야기가 또 다른 이야기를 낳을 것이라 확신했다. 이를 위해 유통 취재 현장에서 성공적으로 점포를 경영하고 있는 다양한 상인들을 직접 찾았고, 만나서 인터뷰를 했다. 이 책들은 이러한 인터뷰를 토대로 작성되었다.

필자가 만난 성공한 상인들의 첫 인상은 외향적이고, 카리스마 넘치고, 아주 매력적일 것이라는 기대와 달리 대부분 자신을 좀처럼 드러내지 않는 비교적 평범한 스타일이었다. 하지만 인터뷰를 진행하면서, 그들의 성공 이면에는 공통점이 있다는 걸 발견하게 되었다. 그들은 비슷한 정서를 갖고 있으면서도 각자의 개성이 명확히 드러나는 특별한 차별점들을 갖고 있었다. 나는 그 미세한 1%의 차이를 위해 그들이 흘렸던 고민의 흔적들과 땀방울의 기록들을 그려볼 수 있었다.

물론 여기에 쓴 이야기들이 골목상권 챔피언들의 모든 성공 방정식이 될 수 없음을 밝혀둔다. 하지만 기자 정신을 토대로 직접 발견하고 찾아가 만난 그들의 생생한 이야기에는 그 어떤 기존의 경영서적들에서도 발견할 수 없는 깊은 감동이 있다고 자신 있게 말할 수 있다. 이 글을 위해 적극적으로 자신들의 삶을 이야기해주고, 때로는 밝히기 어려운 노하우 그리고 실패담 등을 솔직히 이야기해줬던 골목 구석구석의 진정한 챔피언들에게 이 자리를 빌어 다시 한 번 진심으로 감사를 전한다. 마지막으로, 그들의 성공을 토대로 또 새로운 골목상권 챔피언들이 탄생하길 기원해본다.

―― 1장 ――

그들의 성공 방정식은
우리가 생각하는 상식 밖에 있었다

골목상권의 챔피언들, 그들의 생존 방정식과 성공 방정식을 취재하는 과정에서 특이하게 내 눈을 끈 사실이 하나 있다. 그건 그들의 성공 방법이 내가 기존에 생각하던 것을 뛰어넘는 데 있다는 사실이다. 쉽게 생각해서 음식점 하면 바로 음식 맛으로 연결되는 성공 방정식이 아닌 다른 그 무엇. 이 장에서는 그 방법들로 골목상권의 신화를 쓰고 있는 이들을 소개해보려 한다.

'복진면'은 복어와 생면이 만나 시원하고 담백한 맛을 선사하는 한국식 일본 생면 전문점이다. 복진면을 만든 김명식 대표는 일식 분야에서 20년 넘게 일한 베테랑 요리사다. 경상북도 김천에서 태어난 그는 가정 형편이 어려워 초등학교밖에 다니지 못했다. 어린 시절 아버지를 여의고 가족들은 뿔뿔이 흩어져서 지냈다. 어려운 가정 형편 탓에 친구들이 중학교에 갈 때 김 대표는 생업 전선에 나가야 했다. 학교 공부보다 먼저 '살아야' 했기 때문이다.

13살 때부터 안 해본 일이 없다. 식당 잡일, 공사장 노가다에 수제화 공장과 같은 작은 공장에서 허드렛일까지, 일이 있는 곳이면 어디든 다녔다. 하지만 나이가 어리다 보니 할 수 있는 일도 제한적이었고 또 일한 만큼의 돈을 받기도 쉽지 않았다. 돈을 쉽게 못 버니 배는 여전히 고팠다.

그는 어린 나이에 결심했다. "그래! 서울로 가자!" 그의 나이 17살이었다. 서울에 올라와선 밥만 주면 된다는 마음으로 일터를 잡았다. 작은 일식집이었다. 그는 그렇게 외식업과 인연을 맺었다.

김 대표는 성실함만큼은 타고났다. 일식집에서 그는 누구보다 열심히 일을 배웠다. 그렇게 십여 년의 시간을 견뎌내고 이십 대 중후반이 된 그는 대구의 규모가 있는 한 일식집 매니저가 됐다. 대구에 있던 섬유회사에서 경리 일을 보던 아내와의 만남도 그곳에서였다. 거래처 직원들과 식사를 하던 부인을 보고 첫눈에 반해 우직하게 구애를 한 끝에 결혼에 골인했다. 매니저와 손님으로 만나 사랑을 키웠고 결국 결혼해 화목한 가정까지 이뤘다.

결혼 후 그의 삶에도 큰 변화가 찾아왔다. 적극적이고 생활력 강한 아내의 내조와 응원 덕에 그동안 막연하게 꿈꿔왔던 '내 가게'에 대한 욕심을 내기 시작한 것도 그때다. 그렇게 김 대표는 부인과 악착같이 돈을 모았고, 부족한 자금은 주변에서 빌려 대구에 조그만 일식집을 냈다. 오랜 꿈이던 사장님이 된 것이다. 그의 나이 33세였다.

쓰키다시 물개요리 그리고 고래고기

일식집 사장이 된 김 대표의 제1원칙은 '손님에게 넉넉하게 주자'였다. 배고팠던 어린 시절의 경험도 이런 생각에 중요한 이유가 되었다. "음식으로 야박하지 말자. 원가를 따지지 말고 무슨 음식이든 손님의 배를 채워주자." 어린 시절 유난히 배고프게 보낸 시간이 많았던 김 대표는 남이 잘 먹는 모습을 보는 것이 그렇게 기분이 좋았다. 더욱이 자신의 어려웠던 시기를 생각나게끔 만드는 손님이 와서 많이 그리고 너무 맛있게 먹고 가는 모습을 볼 때는 그렇게 신이 날 수가 없었다.

여기서 그의 첫 번째, 내가 상상하기 힘든 성공 법칙 하나가 나온다.

이른바 '쓰키다시', 바로 사이드 메뉴다.

"생선은 정말 물이 좋은, 신선한 것으로 가져다 썼습니다. 그런데 손님들이 속칭 회의 신선도나 맛을 미세하게까지 감별하지 못하는 것 같았습니다. 무조건 좋은 것으로 회를 내놨는데 그 이상의 뭔가가 필요하다는 생각을 하게 되었지요." 그는 사이드 메뉴를 떠올렸다. 발상의 전환을 한 것이다. 음식 먹는 것을 보면 회는 남길 때가 있어도 맛있는 쓰키다시는 두 번 세 번 요청하는 사람들이 있다는 것을 보고 낸 아이디어였다.

그는 이를 실행에 옮겼다. 물개요리와 고래고기를 쓰키다시로 내놨다.

"물개요리와 고래고기는 획기적이었지요. 중량으로 치면 아마 본 메뉴인 회보다도 비싼 공짜 서비스 메뉴였습니다."

결과는 대성공이었다.

김 대표의 넉넉한 품 덕분인지 그의 일식집은 시간이 지날수록 번창해갔다. 일식집 문 앞에 손님이 줄을 서기 시작하더니 이 줄은 점심시간 때뿐만이 아니라 하루 종일 이어졌다. 재미있는 이야기지만 그의 음식점 위에는 노래방이 있었는데 그의 가게 덕에 노래방이 잘되는 진풍경도 벌어졌다. 기다리기 지겨워하던 손님들이 가게 위에 있던 노래방에서 대기하다가 순번이 오면 내려와서 식사를 했기 때문이다.

"보통 일식집이 인기를 끄는 것은 생선회의 신선함에 있다고 생각하기 쉽습니다. 하지만 일식집은 쓰키다시의 싸움입니다. 쓰키다시를 다른 일식집보다 좀 더 새롭고 다양하게 내놓을 수 있어야 경쟁에서 이길 수 있습니다. 적자를 보면서까지 쓰키다시를 강화할 수는 없지만 손님들이 '횡재'했다는 기분이 들 수 있는 메뉴를 계속해서 내놓기 위해서 노력을 많이 했습니다."

이쯤 되면 묻고 싶은 질문이 하나 있을 것이다. 나 역시 그랬다. 수익은? 그렇게 퍼줘서 남는 게 과연 있을까?

"퍼주다 보면 그런 생각이 들 수도 있습니다. 아! 이러다 손실이 나는 건 아닐까? 또 이런 욕심이 생길 수도 있습니다. 이 비용을 아끼면 그대로 이익으로 남을 수 있을 텐데. 그러나 현실은 꼭 그렇지 않습니다. 손실이 나는 게 두려워서 재료를 아끼지 말아야 합니다. 특히 지나고 나서 보면 가게를 시작한 초기의 가게일수록 더욱 그렇습니다. 물론, 보통 가게를 처음 시작하는 사람들은 경험도 부족하고 또 돈도 넉넉하지 않지요. 그래서 비용을 아끼고 식자재를 아껴야겠다는 생각을 쉽게 하게 됩니다. 그러나 반드시 명심해야 합니다. 가게의 평판이 생길 때까지 적어도 6개월 정도는 본전만 찾는다는 각오로 재료를 준비해야 합니다. 지금은 손해 보는 것 같지만 그것이 장기적으로 가게를 안정적으로 이끌고 갈 수 있는 지름길입니다."

그 역시 처음 6개월 동안은 힘들지만 즐겁게 버텨냈고 기회는 곧 찾아왔다. 그렇게 속칭 '쓰키다시가 훌륭한 집, 회보다도 쓰키다시가 더 맛있는 집'으로 소문이 나기 시작하니 가게에 단골이 하나둘 생겼고, 그 단골들이 주변 사람을 계속 데리고 와주기 시작했다. 그렇게 지인의 소개로 온 사람이 다시 단골이 되고 그 사람이 또 다른 사람을 소개하면서 가게는 삽시간에 그 근방에서 그리고 대구에서 가장 잘나가는 가게가 되어갔다. 물론 매출 역시 기하급수적으로 늘어났다.

"결국 생각의 전환이 필요합니다. 손실이 나지 않으려고 움츠러드는 장사를 할 게 아니라 손실이 나더라도 제대로 해보겠다는 생각이 필요합니다."

복라면의 탄생

일식으로 이름을 날리던 김 대표에게 또 다른 인생의 전환점이 다가온다. 사업적인 성공을 거뒀지만 김 대표에게는 학력 콤플렉스가 마음 한구석에서 똬리를 틀고 자리를 차지하고 있었다. 사실 누가 뭐라 하는 사람도 없었지만, 못 배운 일종의 자격지심이 마음속 한편에 자리잡고 있었던 것이다. 가게가 더욱 잘되고 자신이 성공한 외식 사업가로 포장되면 될수록 사회의 시선과 관심은 날로 커져만 갔다. 그럴수록 그는 그들 앞에 서는 것이 두려웠다.

결국 검정고시를 준비했다. 아내의 도움이 컸다. 11개월 만에 중고등학교 과정을 패스했다. 그 후 대구에 있는 계명대학교에 입학했다. 전공은 일본학과로 정했다. 마음속에 담아두고 있었던 꿈을 현실화하는 데 필요한 공부였다. 한국에서 그의 이름을 건 제대로 된 일본요리를 만들어보고 싶었다.

학교를 다니면서 일본어 공부를 위해 일본을 자주 다녔다. 그러면서 김 대표는 일본 라면의 매력에 흠뻑 빠졌다.

어느 날이었다. 술을 마신 날이면 늘 그랬듯이 그는 해장 음식으로 복국을 찾았다. 애주가인 그에게 술 마신 다음날은 복국 이상의 좋은 음식이 없었다. 그런데 그날따라 밥맛이 없었다. 보통은 복국에 밥을 말아 먹었는데 밥은 말기 싫고 그렇다고 안 먹자니 뭐하고. 그래서 면을 넣어보았다. 의외의 맛이었다. 순간 무릎을 쳤다. 해장을 원하는 애주가들의 입맛을 사로 잡을 수 있는 맛이었다. 곧바로 상품화에 나섰다.

그는 품질에 신경을 많이 썼다. 복어가 주된 재료인 만큼 남해에서 잡은 복어만을 사용했다. 일식집 경력이 몇 년차던가. 신선한 재료를 알아보는 눈은 거의 신의 경지에 있었다. 이 신선한 재료를

3시간 이상 진하게 우려내 시원하고 개운한 맛이 나게 했다. 여기에 견과류와 말린 버섯을 갈아 만든 분말 야채 스프로 특유의 담백한 맛을 만들어내 국물 맛의 경쟁력을 갖췄다. 면은 진공포장이나 건조·냉동하지 않고 직접 뽑아 12시간 저온으로 숙성시켰다. 탱글탱글한 면발의 감촉을 최대한 살렸다. 냉장고에서 푹 자고 나와 몸이 가뿐해진 면은 발레리나가 춤을 추듯 통통 튀는 탄력으로 입 안에서 입맛이 돋게 했다. 그는 많은 시도와 연구 끝에 계란과, 칼슘, 탄산나트륨, 난백, 타피오카 등도 넣어 맛의 배합을 최적화했다.

    여기서 끝이 아니다. 화룡점정은 고명이었다. 고명은 일본을 왔다 갔다 하는 동안 눈여겨본 돈코츠 라면의 고명에서 힌트를 얻어 아이디어를 냈다. 돈코츠 라면 위에 올라간 붉고 푸른 고명들은 음식에 색감을 더하며 훨씬 식감을 돋게 만들었을 뿐 아니라 그 맛도 돈코츠 라면 자체의 장점을 최대한 살리면서 단점을 커버하는 역할을 했다. 이에 착안해서 그는 복어라면에 맞는 고명을 생각해 냈다. 처음 시작이 숙취에 기본 방향을 두고 있었기에 숙취에 좋은 미나리를 얹었고, 여기에 맛이 어울리면서도 씹는 식감을 높일 수 있는 일본어묵을 얹었다. 모양도 일본 어묵으로 만들면서.

    이러한 노력 끝에 복진면은 탄생했다.

    복진면은 복어 국물의 시원하고 담백한 맛과 쫄깃쫄깃한 생면의 조화가 일품이다. 생면 위에 하얗고 탱탱한 복어살을 비롯, 반숙 계란, 숙주, 미나리, 새우, 팽이버섯 등 다양한 고명이 올라가 보는 것만으로도 식욕을 자극한다. 뜨끈뜨끈 진한 국물을 한 모금 들이 켜고 나면 이마에 땀이 송글송글 맺히면서 속이 확 풀린다. 부드러운 복어 살점은 입 안에서 살살 녹고 아삭아삭한 숙주와 미나리 등은 씹는 재미를 더한다.

사장이 2년마다 본점을 옮기는 이상한 음식점

앞에서 김 대표를 성공으로 이끈 신메뉴인 복진면의 탄생, 그리고 쓰키다시를 중심으로 한 마케팅 전술 등 발상의 전환에 대해 이야기했다. 그런데 식당 경영에 있었서도 김 대표의 발상의 전환은 계속 이어진다.

복진면은 총 5개의 매장을 운영하고 있다. 직영점이 2개, 가맹점이 3개다. 그런데 파격 하나. 복진면은 다른 가맹본부처럼 가맹비를 받지 않는다. 점포 운영에 필요한 식사재비와 최초 교육비만 받는다. 식자재비와 최초 교육비 역시 그 액수가 착해도 너무 착한 수준이다. 가맹비와 식자재비로 가맹점주의 등골을 빼먹는 이른바

'등골브레이커' 같은 가맹본부가 허다하기 때문에 이는 업계에서 상당히 이례적으로 받아들여지고 있다.

"저는 수시로 제가 만든 음식을 전 국민이 먹는 그런 모습을 상상해요. 그리고 혼자 좋아서 히죽히죽 웃기도 하고요. 돈이 목적이라면 이렇게 하기 어렵죠. 먹고야 살아야겠지만, 지금 잘 먹고 잘살고 있잖아요. 정말 멋진 음식을 만들고 좋은 음식점을 만들어보고 싶습니다."

여기서 파격 둘. 그는 가맹점을 내주는 방식도 독특하다. 본사가 직영점으로 운영하던 점포를 가맹점으로 내주는 것이다. 즉 본인이 운영하던 점포를 일정 기간이 지나면 가맹점으로 내주는 형태다. 새로운 점포를 내면 자리 잡는 첫 6개 월이 가장 힘든 법이다. 그런데 2년씩이나 가게를 운영하며 자리를 잡은 점포를 가맹점주에게 물려주고 본인은 또 다시 맨땅에 헤딩을 하듯 새로운 상권을 개척한다. 요즘 세상에 바보도 이런 바보가 있을까? 실제로 그가 산전수전 다 겪으며 안정권으로 만들어놓은 대구의 1호점도, 또 서울에 상경해서 어렵게 자리를 잡아놓은 강남 한복판의 서울 1호점도 현재는 가맹점주가 운영하고 있다.

그는 가맹점 1호점 점주인 30대 부부와의 첫 만남을 이렇게 회상한다.

"갓난아기를 안고 온 부부였습니다. 3일 동안 저희를 찾아 왔어요. 가맹점을 내게 해달라고요. 보고 있는데 여러 생각들이 들었습니다. 어렵게 살아온 저희의 10~20년 전 모습을 떠올리기도 했고요. 또 이 사람들이 가맹점을 내서 고생할 모습들도 훤히 그려졌습니다. 새로운 상권에서 새로운 점포를 시작한다는 것이 그게 그렇게 간단한 문제가 아닙니다. 몇 날 며칠을 고민하다 내린 결정이었죠. 자리 잡은 우리 점포 해보시라고. 그래도 자리가 잡혔으니 수월하지 않을까 싶었습니다. 그리고 경험 있는 우린 또 새롭게 개척해도 성공할 수 있다는 생각이 들었습니다. 물론 새로운 생고생길이 눈에 그려졌지만 말이죠."

김 대표도 쉽게 결정을 내리기는 힘들었다. 아무리 가맹점이라고 해도 다 키운 자식을 선뜻 물려주기는 어려웠다.

대구 점포를 가맹점으로 돌리고 나서 김 대표는 서울로 상경했다. 기왕 새롭게 다시 고생하는 거 더 큰 물인 서울에서 도전해보겠다는 마음에서였다. 서울 중에서도 서울 한복판인 강남역 사거리 인근에 새 점포를 냈다. 그런데 대구 촌놈에게 서울은 혹독했다. 아는 사람 한 명 없는 서울에서 장사하기란 녹록지 않은 일이었다. 고전했다. 대구로 돌아가고 싶은 마음이 굴뚝 같았다. 실제로 너무 고생스러워 대구로 돌아가자고 아내에게 이야기한 것도 수차례였다. 그럴 때마다 남편의 마음을 다잡고 설득시킨 것은 생활력 강한 아내의 몫이었다. 그렇게 김 대표는 요리에 집중하고 부인은 홀과 주방을 보면서 두 부부는 악착같이 장사를 했다.

"한 6개월쯤 악착같이 하니까 식당이 돌아가는 정도는 됐습니다. 점심과 저녁에 몇 테이블이 차는 정도요. 그래도 마음고생이 심한 나날이었습니다. 대구에서 왜 올라와 이 생고생을 하나 싶을 때가 한두 번이 아니었죠. 다시 돌아가고 싶은 마음은 굴뚝 같은데 아내가 워낙 완강해서. 그렇게 하루 하루를 버틸 때였습니다."

그런데 기회는 우연히 찾아왔다. 식당 손님들은 강남역 주변에 많은 사무실 직원들, 그중에서도 30~40대 남성들이 주요 고객이다. 그런데 삼성에 다니는 모 부장이 음식을 먹고 소문을 내준 것이다. 삼성 직원들이 하나둘 늘어나더니 맛을 본 직원들이 단골이 되고 그 직원들이 지인을 데리고 오고, 그렇게 하나둘 단골들이 늘어나기 시작했다.

손님이 늘어나기 시작하자 어느 순간 언론에 노출될 기회도 얻었다. 맛집 소개를 하던 일간스포츠 모 기자가 삼성의 모 부장에게 후보 가게를 추천해달라고 했고 복진면의 단골이던 모 부장은 주저 없이 복진면을 추천했던 것. 일간스포츠에 맛집으로 소개된 후 손님은 더욱 크게 늘었다. 이후에는 방송국에서도 찾아와 맛집이라는

타이틀을 붙여줬다. 그간의 고생들이 한 방에 날아가는 순간이었다.

　이렇게 어렵게 정착한 서울의 첫 점포. 그들에게 매우 상징적일 수 있는 이 점포 역시 현재는 가맹점으로 운영되고 있다. 김 대표는 강남점 성공을 뒤로 하고 역삼동에 새롭게 둥지를 틀었다. 이 점포 역시 일정 수준 이상 매출이 나오면 가맹점으로 바뀔 가능성도 있다. 가맹을 하겠다는 점주가 나타나면 말이다.

　여기서 잠깐! 그렇다면 그들이 가맹점주를 선정하는 기준은 무엇일까?

　"이 길이 쉽지 않아요. 오히려 된다는 사람보다 안 된다는 사람 기준을 말하는 것이 더 쉬울 것 같아요. 속칭 요행을 바라는 사람들은 안 돼요. 고생을 고생이다 생각하지 않고 감당할 수 있는 사람이랄까요?" 김 대표는 실제 그를 찾아온 많은 예비 가맹점주에게 다른 사업을 권유한다.

　"처음 서울에 올라왔을 때 고생을 해봐서 남이 고생할 것을 보면 절대 음식 장사를 하지 말라고 합니다. 확실한 상권에서 기본 이상으로 장사가 될 점포라면 괜찮지만, 그렇지 않은 곳에서 6개월 이상 고생만 할 것 같으면 다른 일을 찾아보라고 조언해줍니다."

골리앗은 그들의 인간미를 흉내낼 수 없다

현재는 골목상권의 챔피언이 된 그도 한때는 힘없고 볼품없는 다윗이었고, 다윗과 골리앗의 싸움이 두려운 절대 '을'이자 약자였다. 그렇다면 지금 그의 심정은 어떨까? 새롭게 생겨나는 경쟁 상대들 그리고 거대한 자본의 물량공세를 불사하는 거인들의 등장을 어떻게 느끼고 있을까?

김 대표는 대기업 프랜차이즈를 겁낼 필요가 없다고 조언한다.

"대기업이 못하는 것을 하면 충분히 이길 수 있습니다. 그들이 못하는 그리고 나만이 할 수 있는 그런 것들이 분명히 있습니다. 대기업 프랜차이즈는 시스템이 너무 잘 갖춰져 있죠. 그래서 가게 주인이 자기 색깔을 내기 어려워요. 속칭 개성 없는, 껍질만 반지르르한 경우가 태반이죠. 예쁜데 정이 안 가는. 반면에 제 가게는 제가 하고 싶은 대로 할 수 있잖아요. 단적으로 제가 지금 하고 있는 복진면, 이 가게는 시골집처럼 인간미가 나서 좋다는 손님이 많습니다."

김 대표는 가게를 찾는 손님을 세심하게 배려한다. 작은 부분 하나까지도 손님들을 배려하는 그의 마음은 손님을 끌어들이는 요인 중 하나다. 돈을 버는 데만 집착한다면 할 수 없는 일이다. 돈이 아니라 사람에 집중하는 것이 장사의 기본이라는 게 김 대표의 철학이다.

"재미있는 이야기 하나 할까요? 제가 앞에서 이야기한 것처럼 획기적인 쓰키다시와 넉넉히 주는 인심으로 고객들한테 사랑을 받았습니다. 어떤 손님은 저희 집에 와서 이런 얘기를 하더라고요. 며칠 전에 대기업이 운영하는 모 프랜차이즈 음식점에 갔는데 어찌나 양을 듬뿍 주던지, 질려서 얼마 먹지도 못하고 왔다고요. 뻔히 남기게 될 음식을 아무 생각없이 왜 그렇게 퍼주는지에 대한 항의였죠. 그게 손님입니다. 손님마다 다 다르고, 상황에 따라 음식도 변수가 너무 많아요. 결국 개별 손님 하나하나 그들이 원하는 바를 정확히 꿰뚫어 보고 서비스를 해야 진짜 서비스죠. 그런 것은 매뉴얼로는 불가능한 겁니다. 손님에 대한 진짜 애정이 있어야죠."

그가 보이는 자신감, 거인의 공습에 맞설 수 있는 그 핵심엔 고객에 대한 진짜 사랑과 애정, 배가 고팠던 어린 시절의 마음이 자리 잡고 있었다. 김 대표는 "복진면 역시 꾸밈없는 장사로 손님이 모이는 곳이라고 생각한다"했다. 김 대표가 점포를 크게 확장하지 않는 것도 그런 이유에서다.

"내가 만든 음식이 많은 고객들로부터 사랑받는 것이 가맹사업을 하는 목적이죠. 결국 제가 만든 음식과 이를 먹어주는 사람이 우선이란 이야기입니다. 돈이 아니라. 그런데 규모가 크고, 그 규모를 유지해야 하는 돈이 목적인 대기업이 만약 복진면을 했다면, 그랬다면 지금 가맹점은 엄청 퍼져나갔을 거예요. 많이 보이니까 빠른 속도로 인기를 끌 수는 있겠지요. 하지만 쉽게 사라졌을 거예요. 저는 천천히 할 겁니다. 앞서 말한 것처럼 좋은 음식으로 좋은 가게를 만드는 것이 제 목적이니까요."

배짱으로 시작한 도전

앞서 복진면의 김명식 대표가 발상의 전환으로 골목상권의 챔피언이 되었다면 또 다른 형태의 발상으로 골목상권 챔피언이 된 이가 있다. 현재는 전국에 18개의 매장이 있는 태국음식점, 생어거스틴의 심지용 대표다.

그가 처음 20대에 시작한 건축 자재 사업은 잘되지 않았다. 오랜 시간과 노력을 들였지만 뜻대로 안 되었다. 그럼에도 그는 STOP을 외쳐야 하는 순간들을 계속 놓쳤다. 결국 안 좋은 상황에서 회사를 타인에게 넘겼다. 정신없이 달려만 왔는데 일을 놓고 나니 멍했다. 딱히 다음에 무엇을 해야 할지 답도 쉽게 찾을 수 없었다.

'앞으로 길게 갈 인생, 그래 잠깐 쉬면서 다음을 기약해보자. 와신상담이라고도 하고 또 이보 전진을 위한 일보 후퇴라는 말도 있

지 않은가.'

 그는 쓰린 마음을 가다듬고 아내와 미국으로 향했다. 잠시 머리를 식힐 겸 나갔던 미국행이 계획하지 않았던 여행이 되었고 그간 모아놨던 돈으로 1년간 미국과 유럽을 돌아다녔다. 여행을 다니면서 맛있는 음식들을 다양하게 접한 그는 막연하게 한국으로 돌아가서 외식 프랜차이즈 사업을 해야겠다는 생각을 하게 되었다.

 그러나 한국으로 돌아온 뒤 상황은 녹록지 않았다. 결국 급한 대로 편의점을 시작하게 되었다. 적은 돈으로 급한 생계 불은 끌 수 있다고 생각했고, 더욱이 새롭게 시작할지도 모를 앞으로의 일들에 좋은 경험이 될 것이라 생각했다. 그간 했던 일들은 아무래도 일반 대중들을 상대로 한 상품이 아니었기 때문에 편의점을 하면서 동네 상권이나 장사에 대한 노하우도 알아가자고 생각했다. 특히 프랜차이즈 사업의 원리에 대해서도 알고 싶었다.

 그렇게 시작한 편의점은 결과적으론 그에게 매우 큰 학습 기회가 되었다. 건축 자재 사업과 장사는 확실히 다른 영역의 일이었다.

 "지역 상권에 대해서 보다 확실하게 공부하는 시간이 되었습니다. 기존에 다뤘던 건축자재 같은 일들은 상대가 회사이다 보니 일종의 갑을 관계에서의 영업이 필요한 업종이었거든요. 완전히 다른 기술이 필요했던 거죠."

그렇게 편의점을 1년 동안 운영하면서 그는 장사를 배웠다.

"편의점을 하다 보니까 프랜차이즈는 어떻게 운영을 하는지, 수익은 어떻게 발생하는지, 또 그동안 보이지 않던 상권들이 보이더군요. 사람들은 어떻게 움직이고, 어떤 자리가 좋은 목이고, 그런 것들이 말이죠."

하지만 편의점으로 큰 재미를 보지는 못했다.

"편의점은 점주가 돈을 벌기 힘든 구조였어요. 본사가 취하는 것이 너무 많아서…… 특히 장사가 안 되어도 계약기간(보통 5년)이 있어서 그 기간까지는 영업을 해야 하기 때문에 적자를 보더라도 문을 못 닫는 것도 문제였고요."

그는 3년 만에 점포를 폐점했다. 본사에 위약금을 물면서도 결국 가게를 닫은 것이다. 큰 손해는 보지 않았다. 다시 사업 실패자가 된 그는 외식업에 대한 꿈을 접지 않았다. 부인은 영어학원 강사를 하면서 내조를 해줬다.

그러던 그가 주목했던 것은 태국음식점이었다. 태국음식을 좋아해서 여행을 하는 동안 많이 먹은 것도 큰 이유가 되었다. 그가 주목한 점은 한국에 전문적인 태국음식점이 없다는 것이었다. 여기서 중요한 것은 '전문적인'이다. 주변에 태국음식 프랜차이즈도,

또 중소형의 태국음식점들도 있었지만 태국음식에 들어가는 전통 향신료를 사용하는 태국음식점은 없었다. 과장한다면 태국음식점을 가장한 한국형 태국음식점뿐이었다. 이는 한국 사람들이 향신료 탓에 태국음식을 꺼려 하기 때문이다. 그는 이런 점을 역 이용해야겠다는 생각을 했다.

그는 제대로 된 태국음식을 내놓으면 충분히 시장성이 있다고 봤다. 그는 특히 프랑스 파리의 아시아 퀴진 거리, 생어거스틴에서 먹어본 태국음식 맛을 떠올렸다.

"뭐랄까요. 정말 색다른 맛이었어요. 태국 전통의 향신료를 다 쓰면서도 유럽의 요리들이 믹스된 듯한 그런 맛. 맛을 말로 설명하려니 한계가 있습니다만 여기서 포인트는 태국 향신료를 원조에 가깝게 썼다는 것입니다."

난 마이너, 매니아를 공략한다

그는 자신처럼 그 맛을 좋아하는 사람들이 분명 있을 것이라고 생각했다. 그리고 그런 사람들이 많이 모일 만한 장소를 조사했다. 그 장소는 단연 서래마을이었다. 파리 거리에서 영감을 얻은 만큼 프랑스인들이 많이 사는 서래마을에 가게를 열었다. 해외여행을 갔다 먹어본 그 맛을 추억하는 사람들 그리고 진짜 태국음식 맛을 좋아하는 외국인을 타켓으로 삼기로 했다. 분명 승산이 있을 것이라고 보았다. "비록 주류가 될 수는 없어도 분명 틈새 시장은 있다." 그는 자신의 그 생각을 믿었다.

그리고 일을 진행시켜가기 시작했다. 가게 이름도 '생어거스틴'으로 파리 거리를 그대로 따왔다. 파리에 한국음식을 파는 '서래마을'이라는 이름의 가게가 들어선 것과 같은 이치다.

중요한 야채를 제외한 모든 재료를 현지에서 공수해왔다. 국내 요리사도 철저한 교육을 통해 100% 현지화를 유지하는 데 최선을 다했다. 그렇게 준비하여 드디어 가게를 열던 날, 그는 그 첫날을 잊을 수 없다.

"첫날 오픈했는데 손님이 정말 한 분도 오시질 않았습니다. 정말 그날 그 기분이란……"

그러나 그의 전략은 적중했다. 그렇게 하루 이틀 시간이 지나면서 그가 생각했던, 바로 자신과 같은 그런 사람들이 찾아왔다. "그때 그 여행에서 맛봤던 태국음식을 하는 바로 그 집"을 찾는 사람들부터 프랑스인들까지. 20대 후반에서 40대의 여성들이 주요 고객이었고 주로 해외거주 경험이 있거나 해외여행을 많이 했던 사람들이었다.

그렇게 점점 입소문이 나고 언론에 맛집으로 소개되면서 생어거스틴은 인기를 더해갔다. 그리고 2013년 5월 현재, 전국에 18개로 매장이 늘었다. 모두 수도권에서만 개점했다. 앞으로 부산과 울산 등 지방에도 점포를 낼 예정이다.

전단지 금지

골목상권 가게들의 홍보전략 하면 바로 떠오르는 것이 전단지다. 전단지 없이 무슨 음식장사를. 이게 보통의 상식이다. 돈이 없어서 전단지를 못 뿌릴 뿐. 그런데 심 대표는 반대다. 처음부터 전단지는 뿌린 적도 없고 앞으로도 전단지는 뿌릴 생각이 없다. 심 대표 생각은 이렇다.

"일반적으로 새롭게 문을 연 가게들이 늘 하는 마케팅 전략이 '전단지' 배포입니다. 하지만 지역 상권에서 규모가 크지 않은 장사를 하는 경우라면 전단지는 큰 효과를 거두기 어렵습니다. 많은 사람들이 하는 것이 오픈 기념 반값 쿠폰 등을 삽입한 전단지인데요. 요즘 전단지 보는 사람도 많지 않고 또 그렇게 온 손님들 대부분은 일회성이 많습니다. 새 가게 오픈 기념으로 싼 맛에 한 번 오는 그런 손님들이에요. 또 전단지에 사진이나 서비스 등 할 수 있는 수준 이상으로 적어놓았다가 막상 방문했던 손님들이 전단지 이하의 수준에 실망하는 경우라면 이는 최악의 경우가 되고요."

그렇다면 심 대표의 전략은 무엇일까? 그 답은, 느리지만 확실한 방법에 있다.

심 대표는 이벤트의 왕이다. 손님 발길을 끌기 위해 무진장 애를 쓰는 타입이다. 수많은 가게 중에서 손님의 선택을 받기 위해서는 당연한 노력이다.

"차라리 전단지를 돌리는 것보다는 그 비용으로 가게를 찾아와준 손님에게 최선의 서비스와 이벤트를 제공하는 편이 더 낫습니다. 예컨대 곱창집이라면, 가게에 와준 손님의 고기가 떨어질 무렵 '오늘은 '막창이 참 좋습니다. 조금 맛 좀 보세요' 하며 0.5인분 정도를 내어주면 그 손님은 99% 단골이 될 것입니다. 그 돈이나 전단지 값이나 드는 비용은 결국 동일하다는 것이죠. 조급한 마음을 버리고 오신 손님 하나하나에 집중한다면, 그 손님이 확실한 단골이 되고 그 손님이 또 다른 손님을 데리고 오는 효과를 만들어냅니다. 이건 제가 경험으로 확인한, 확실하면서도 가장 효과적인 홍보 방법입니다."

사실 따지고 보면 '반값' 서비스이지만 불특정 다수에게 뿌려지는 전단지와는 차원이 다르다. 전단지나 할인권은 대기업이 운영하는 프랜차이즈도, 다른 가게들도 모두 똑같이 뿌린다. 결국 차별점 없는 홍보 방법이자 쉽게 경쟁력을 갖추기 힘든 방법이란 말이다.

"한번 온 손님들은 가게를 다시 찾을 때 꼭 다른 사람을 데리고 옵니다. 맛집으로 소개를 하는 거죠. 이런 경우는 장사가 잘되는 가게이지만 반대의 경우도 많죠."

심 대표는 반값 전단지보다는 같은 반값이라도 찾아온 사람들에게 후한 서비스를 해줘서 입소문을 내게 하는 방법이 훨씬 낫다고 생각했다. 대기업 프랜차이즈에 맞서기 위해서는 손님이 자기한테만 해주는 무엇이 있다는 느낌이 들게 해주는 서비스를 갖춰야 한다. 예컨대 중국음식점에서 손님이 지장면과 짬뽕 중 무엇을 먹을까 고민하다가 자장면을 주문했다면 "오늘은 짬뽕 국물이 최고입니다. 서비스로 드릴 테니 한번 드셔보세요"라면서 내주는 것이다. 짬뽕 국물은 볶음밥에도 서비스로 내주는 별 것 아닌 것이지만 그 손님한테는 굉장히 기쁜 일이 되는 것이다.

회사에 나오든 말든 자유

앞서 복진면에서 본 것처럼 골목상권 챔피언들, 이들에겐 음식과 마케팅 방법뿐만 아니라 그들만의 특별한 경영 철학이자 원칙이 있었다. 심지용 대표와 생어거스틴도 예외는 아니었다.

심 대표를 만나러 그의 사무실을 찾아갔을 때다. 오후 4시가 조금 넘은 시간이었다. 여느 사무실에서는 직원들이 한참 바쁘게 움직일 시간일 터다. 하지만 생어거스틴 본사 사무실은 달랐다. 직원들의 분주함이라고는 찾아보기 어려웠다. 직원용 책상은 주인 없이 덩그러니 놓여 있는 것이 태반이었다. 오직 한 책상만이 주인과 함께였다.

그 직원도 서둘러서 일을 처리하기보다는 시험을 보고 나온 학생마냥 여유가 있었다. 담당 업무를 물어보니 회계와 총무 등 안방살림을 맡는다고 했다. 본사 직원 70명 중에서 그 혼자만 회사에 자리를 지키고 있었다.

이유는? 심 대표의 인생철학이자 경영철학은 '가족처럼 살고 일하자'다. 그는 "회사는 집보다 더 좋은 곳, 더 편안한 곳이어야 한다"며 창업 때부터 '즐겁고 가족 같은 직장 만들기'를 실천하고 있다. 가족 같은 조직문화를 만들기 위해 심 대표는 직원들의 자율성을 최대한 보장해주기로 했다.

대표적인 사례가 출퇴근 시간의 유연화다.

"직원들이 마음대로 일할 수 있게 풀어줍니다. 매장 직원은 시간이 어쩔 수 없지만 본사 직원은 10시 30분까지 출근하고 퇴근은 알아서 하는 걸로 했습니다." 퇴근을 알아서 하는 것! 이런 파격적인 회사라니. 거기다 심 대표는 본인 스스로도 외부 활동을 많이 한다. 자신이 사무실에 오래 있으면 직원들이 눈치를 볼 것이기 때문이다.

그는 직원 월급도 많이 주는 편이다. 생어거스틴의 조리사는 업계에서 평균보다 항상 높게 책정해주려고 한다. 당연히 직원의 만족도는 높을 수밖에 없다. 창업 후 4년 동안 한 달 이상 근무한 직원 중에서 퇴직한 이는 단 한명도 없다.

직원과 소통도 친구처럼 한다. "회의를 할 때도 딱딱하게 날짜를 잡고 무거운 주제를 나누기보다는 직원들에게 문자메시지로 전체 내용 전달해서 회의 날짜 정하고 자유로운 분위기 속에서 회의를 합니다."

단, 그는 실적에 대해서는 엄격한 잣대를 들이댄다.

"음식 장사에서 가장 중요한 것은 내부 고객, 바로 직원 관리입니다. 같은 조직에 있는 사람도 끌어당기지 못하면서 어떻게 외부 손님을 단골로 사로잡을 수 있겠습니까. 자유에는 책임이 따르기 마련이죠. 직원들도 그 부분을 공감하고 실적을 내는 데 최선을 다합니다."

2장

그 흔하기도 흔한 말
"준비하라"

유통전문 기자생활을 하면서 소개에 소개로 알게 된 김 모씨. 그는 3전 4기 끝에 비로서 작은 가게를 안정적인 반열에 올려놓을 수 있었다. 마흔이 넘어서 퇴직과 함께 그가 대면한 신세계, 그야말로 야생의 현장에서 그나마 그는 운이 좋게 살아남았다. 그에게 듣게 된 세 번의 실패는 새롭게 창업을 꿈꾸는 많은 사람들이 가슴에 새겨볼 만하다.

　　"무식하면 용감하다고. 정말 용감했던 거지. 지금 되돌아보면 말이야. 내가 요리를 기똥차게 할 줄 아나, 그렇다고 대기업들이 운영하는 프랜차이츠점들처럼 막강한 자금을 바탕으로 한 마케팅력이 있길 하나. 그렇다고 이 바닥에서 잔뼈가 굵어 경험이 있길 하나. 쥐뿔도 없는 어린애지. 물가에 내다놓은 어린아이. 속칭 선수들 눈에는 사기 처먹기 딱 좋은 먹잇감이고. 그 사실을 나만 모르는 거야, 나만. 허…… 남들도 다 그렇지만 나도 그냥 목 좋은 곳에 가게 오픈하면 밥 먹고는 살 줄 알았던 거지. 막연히. 뭐 좋은 표현으로 치면 순진하고 무한 긍정의 마인드고, 직설적으로 이야기하면 바보지 뭐, 바보."

　세 번의 도전은 그전까지는 경험하지 못한 삶의 지옥의 현장으로 그를 인도했었다.

　"죽겠더라고. 뭐가 어디서부터 문제인지도 모르겠고. 모아놨던 돈, 퇴직금 다 사라지는 것은 삽시간이고. 거기다 사람이 쫓기니까 이성을 잃어요. 덤비기만 하고. 난 다행히 세 번의 실패 후에 그 실패의 이유들이 보이고 또 항상 뒷바라지한 고마운 와이프에, 십시일반 도와준 고마운 지인들 그리고 친구들이 있어서 여기까지 온 거지만."

　그에게 물었다. 그럼 처음 시작하는 사람들에게 딱 한 가지만 조언한다면 그것이 무엇이냐고.

　"첫째도 둘째도 셋째도 준비야. 사전준비. 준비라니까. 막연하게 시장조사쯤으로 생각하고 비슷한 가게 몇 가게쯤 가서 물어보는 것 정도로 생각하는 사람들 많은데, 천만에 말씀. 최소한 1년 이상은 자신이 할 장소, 업종에 가서 경험을 쌓아야 하고. 아르바이트도 좋고, 허드렛일도 좋고. 경험해봐야 답이 나온다고. 그리고 그 경험을 토대로 공부를 나름 착실히 해야 최소한 망하지는 않지."

　준비! 사실 준비라는 말에 막연한 느낌을 갖기 쉽다. 그러나 골목상권 챔피언들을 만나보는 과정에서 이 준비과정의 치열함이 이후 결과를 어떻게 바꾸어놓는지 확실히 깨닫게 되었다. 이 장에서는 그 좋은 사례들을 소개하려 한다.

경험하고 또 경험하라

김밥 단 하나의 메뉴로 승부해서 결국 백화점에서 모셔간 나드리 김밥. 김밥 맛의 차이가 어디 있을쏘냐? 김밥집은 거기서 거기라는 상식을 파괴한 임문희 나드리 김밥 사장님. 그런 결과는 임 사장의 철저한 사업 전 준비에서부터 시작됐다.

임문희 나드리 김밥 사장은 원래 평범한 가정 주부였다. 가족들에게 맛있는 음식을 내주는 게 큰 행복이었다. 주부로서의 생활에 만족하며 평생 그렇게 살 줄 알았다. 1997년 IMF외환위기가 오기 전까지는. 당시 남편이 운영하던 건축설계사무소가 큰 타격을 받았다. 집안의 재정상태가 악화됐다. 자식들은 대학에 입학해 등록금이 필요했다. 가장인 남편이 힘겨워하는 모습이 안쓰러웠다. 급박했다. 결국 집 안에서만 두르던 앞치마를 밖에서도 입기로 했다.

"딱히 별 도리가 없었어요. 제가 뭐라도 하긴 해야 했는데. 결혼

후 직업=주부였으니 제가 가장 잘할 수 있는 것은 음식 만드는 일이었지요. 그렇지만 무엇을 해야 할지는 사실 막연했습니다. 음식을 곧잘 하니까 음식 장사를 하겠다는 각오가 섰을 뿐이었지요."

그런 고민 중 임문희 사장은 창업자본도 그나마 적게 들어가고 평소에 자녀들이 가장 잘 먹고 좋아하던, 그리고 나름 주변에서 가장 확실하게 검증받았던 '김밥'을 메뉴로 결심했다. 낯설지 않아서 자신감도 있었다. 그러고는 결심했다.

"지피지기(知彼知己)면 백전백승(百戰百勝)이라고. 그래 한번 시장에서 가장 잘 팔리는 김밥집부터 가서 좀 봐야겠어. 뭘 어떻게 팔고 어떻게 하는지."

그렇게 시작된 지피지기 전술은 당시 가장 대표적인 김밥집인 김밥천국, 김가네 김밥 등의 허드렛일 투어(?)로 이어졌다. 그렇게 1년 6개월 동안 그녀는 경쟁사가 될 김밥 점포에서 월급쟁이로 생활했다. 그때 그 경험을 떠올리며 그녀는 이렇게 말했다.

"어떤 가게든지 '배울 구석'이 있더군요. 잘되는 가게에는 반드시 이유가 있습니다. 그건 선수들 눈에만 보이는 거죠. 만약 그걸 찾아낼 수 없다면, 그게 잘 보이지 않는다면 아직 준비가 덜 된 거예요. 또 반대의 경우도 통합니다. 안 되는 가게는 반드시 안 되는 이유가 있습니다. 그것 역시 속칭 선수들 눈에는 보이게 되어 있습니다. 그 차이는 사실 매우 미세하고 작은 차이인 경우가 많습니다. 어찌 보면 종이 한 장 차이라고 할 수도 있고요."

임 사장은 직원으로 일을 하면서 끊임없이 관찰하고 또 배워나갔다. 특히 단순히 보는 데서 그치지 않고, 나라면 이 가게를 어떻게 운영할까, 이 문제는 어떻게 해결할까 등으로 생각을 확장해가면서 세세한 노하우들을 몸으로 익혔다.

"김밥천국에서 일할 때였습니다. 계절에 따라 날씨에 따라 김밥에 들어가는 재료들의 가격 차가 많이 생겼어요. 그렇잖아요. 야채 값 등락폭이 계절이나 날씨 등에 따라 차이가 나는 거. 근데 종류에 따라 그 가격 변동폭이 생각 이상으로 크게 날 때도 있더라고요. 그런데 본사 물건만 받아야 하니까 제가 볼 땐 때론 울며 겨자 먹기로 가게를 운영해야 할 때도 생기더라고요. 메뉴도 재료도 다 고정된 상태에서만 장사를 해야 하니까요. 만약 제 가게라면 상황에 맞는 대체 재료들을 사서 맛을 낼 수도 있을 것 같은데 말이죠. 거기다 같은 재료, 같은 메뉴이다 보니 시작은 쉬울 수 있어도 장기적으로는 가게가 한계가 있겠더라고요. 그렇다고 그 메뉴나 맛이 아주 뛰어난 것도 아니고. 사실 음식이라는 것이 조금의 재료 변화로 맛의 큰 변화를 가져올 수도 있는 것인데. 그런 세세하지만 변화시켜야 할 항목들, 개선해야 할 내용들을 정리해갔습니다. 나라면 이렇게 바꿔보겠다는 그런 생각으로 말이죠."

그렇게 2001년이 왔다. 그리고 드디어 때가 되었다고 생각했다. 이것저것 잘되는 집과 안 되는 집의 원인들이 눈에 들어오기 시작하자 이쯤이면 어느 정도 준비가 끝났다고 생각했다. 그래서 본인 가게를 열었다. 가게 터는 김밥 등 분식 수요가 많은 여고 앞으로 결정했다. 일과 가정을 동시에 돌봐야 했기 때문에 서울 잠실 집 근처에 있는 일신여상 앞으로 택했다. 당시 김밥집의 이름은 '송파김밥'이었다. 규모는 $33m^2$(10평)로 작았지만 본인의 힘으로 일궈낸 만큼 자신감은 넘쳤다. 창업 비용은 7천만 원 정도 들었다.

새벽 6시에 문을 열어서 밤 12시까지 운영했다. 온 가족들이 함께 일손을 거들어줬다. 남편은 퇴근하고 저녁에 일을 봐주고 자녀들도 아르바이트를 이 가게에서 했다. 동네에서 차츰 '맛있는 집'으로 소문이 났다. 속칭 '맛집'으로 소문 나기까지 그녀에게는 그간 준비해놓은 비장의 무기와 전략들이 숨어 있었다.

김밥 한 줄도 특별하게

그중 첫 번째는 맛의 차별화다. 김밥에 무슨 대단한 맛의 차이가 있겠냐고 생각하면 큰 오산이다. 속칭 잘나가는 김밥집들을 경험하고 그 집들의 1% 아쉬운 부분들을 보완한 임 사장의 노력은 결과로 드러났다.

나드리 김밥은 다른 김밥에 비해 느끼하거나 달지 않고 맛이 담백하다는 것이 고객들이 내리는 평가다. 구운 김과 오복채를 사용하는 것은 다른 김밥집과 같지만 임 사장만의 '비밀 레시피'인 특화 양념을 넣는다는 것과 장아찌가 들어간다는 게 다른 점이다. 일반 조미료는 거의 쓰지 않는다.

"장아찌를 쓰게 된 것도 실은 아주 단순하면서도 우연한 기회에서 비롯되었습니다. 일반 조미료를 쓰지 않으면서도 다른 맛을 내려다 보니 고민을 많이 하게 되었죠. 처음에는 호박꽃도 넣어보고 여러 시도를 했었습니다. 그런데 막상 그렇게 아주 특별한 그 무엇을 찾다 보니 높아지는 단가도 단가지만 재료 자체를 지속적으로 조달하기도 쉽지 않더라고요. 결국 포기했습니다. 장사는 지속적으로 해야 하는데 그 지속적이면서 일괄적인 것을 유지하지 못하니 한계가 있더라고요. 그래서 고민하던 차에 집에서 아이들이 좋아하는 장아찌를 넣어보기로 했습니다. 장아찌는 조미가 되어 있으면서도 한국사람들이 좋아하는 개운한 맛이 있습니다. 특히 밥이나 다른 재료들과도 잘 어울리는 좋은 재료였고요. 결과는 대성공이었습니다."

그녀는 또 제조시간도 소비자가 확실히 인지할 수 있게 했다. 김밥을 싼 뒤 3시간 안에 먹어야 제일 맛이 있기 때문이다. 예컨대 1시에 제조했다면 4시 이전에 먹도록 하는 것이다. 1시에 싼 김밥이 4시가 넘어서도 팔리지 않았다면 자체 폐기를 한다. 하절기에는 이 시간을 2시간으로 단축한다. 일부 김밥집들이 오전에 김밥을 대량으로 싸놓고 하루 종일 판매하는 것과 대비되는 점이다.

마지막으로, 김밥 재료는 무조건 임 사장이 직접 챙긴다. 재료가 맛을 좌우한다는 생각에서다. 음식은 손맛이 좌우한다고 믿기 때문에 기업에서 대량으로 만든 식당용 재료는 쓰지 않는다. 예컨대 참기름 같은 경우도 직접 시골에서 짜낸 것만 쓴다.

어느 날 다가온 행운

그렇게 '동네 맛집'으로 자리를 잡아가고 있던 어느 날, 갑자기 백화점 바이어가 명함을 내밀며 품평회에서 1위 업체로 선정됐다고 입점을 의뢰해왔다. 바이어들이 반년에 걸쳐 동네 백화점에 입점시킬 맛집을 뒤지다 이 집을 찾아냈다는 것이다. 매장을 암행 방문해 맛과 위생 상태 등을 점검한 후 VIP 고객 대상 품평회까지 실시한 끝에 선정했다고 했다.

임 사장은 이 소식을 듣고 매우 놀랐다.

"처음에는 좀 이상하다 싶었어요. 소풍이니 야유회니 해서 대량으로 김밥을 사 가는 분들은 있었지만. 넥타이를 맨 아저씨들이 몇 번 김밥을 대량으로 사 가서 이상하다 싶긴 했어요. 주변 회사에서 회식을 하나 싶긴 했지만. 김밥을 대량으로 사간 사람들이 백화점 바이어인 줄은 몰랐습니다. 그런데 이런 행운이 올 줄이야"라며 그녀는 당시를 회상했다.

"사실 백화점 입점 제안을 받고 고민을 많이 했습니다. 주변에서 김밥이 맛이 있다고 인정해주고 좋아해주시는 분들이 많긴 했지만 고등학교 앞에서 동네 사람들과 학생들을 상대로 파는 김밥을 대한민국에서 제일 잘나간다는 백화점에 들어가 판다는 게 두렵기도 했습니다. 고급 입맛을 가진 고객을 상대할 수 있을까 걱정도 됐고요. 하지만 용기를 내 입점을 결정했습니다. 이 결정에는 주변에 많은 단골 고객들, 지인들 또 가족들이 힘이 많이 되었습니다."고 임 사장은 이야기했다.

현대백화점 압구정본점 지하 1층에 입점하면서 그녀는 모든 것을 동일하게 유지하려 신경 썼다. 단 하나, 부득이하게 촌스러우면서도 나름 정감 있었던(?) '송파김밥'이 '나드리 김밥'으로 바뀐 것만 빼고서 말이다.

작은 가게, 큰 서비스

'송파김밥'에서는 하루 200줄 정도 김밥을 팔았지만 압구정본점으로 들어오고 난 후에는 그 4~5배인 800~1천 줄을 하루에 판매하고 있다. 현재 구매 고객도 하루 600~700명에 달한다. 푸드 코너별 하루 평균 구매고객 수가 80~150명 수준인 것과 비교하면 매우 많은 것이다. 매출도 압구정본점 내 식품코너 중 회전초밥 코너 다음으로 많다. 회전초밥 평균 객 단가가 4만~5만 원, 김밥이 7천~8천 원인 점을 고려하면 사실상 가장 많은 사람들이 좋아하는 음식인 셈이다.

임 사장은 "주말에는 매장에서 김밥을 사려고 줄을 선다"며 "다른 매장 김밥은 안 먹어도 우리 것은 먹는다는 말을 들을 때 기분이 좋다"고 말했다.

매출도 백화점 의류매장 수준인 월 8천만 원가량을 올리고 있다. 20%에 가까운 수수료도 내고 부가가치세도 빼야 하지만 매출이 이전보다 4~5배가량 늘었다. 압구정본점 성공에 힘입어 킨텍스점에 2호점도 열었다.

매출 외에 백화점 입점 후 어떤 변화가 또 있었을까?

"백화점 입점 이후에도 변화는 없습니다. 영업시간의 변화가 변화라면 변화지요."

백화점의 특성상 오전 10시에 문을 열고 8시~8시 30분이면 문을 닫아야 한다. 운영 시간이 백화점에 맞춰 제한되는 것이다. 그런데 김밥을 찾는 고객은 백화점 쇼핑 고객과 시간 테이블이 다르다. 특히 김밥의 경우 나들이 갈 때 찾는 경우가 많다. 나들이는 이른 새벽부터 출발하는 경우가 많다. 앞서 이야기한 3시간 원칙은 반드시 지켜야 하니 3시간 이내에 먹어야 하는 김밥을 고객에게 전날 미리 사서 가져가라고 할 수도 없는 노릇.

임 사장은 백화점 직원 통로를 활용했다. 백화점의 모든 문이 오픈 전에 잠겨 있지만 출근을 하는 직원들을 위해 보안실을 통한 문 하나는 열려 있다. 임 사장은 이 문을 활용해 새벽 6시에 배달 주문이 있다면 김밥을 만들어서 이 문으로 나가 배달을 해줬다. 몇 번 이렇게 김밥을 구입한 단골 고객은 임 사장의 수고를 덜어주기 위해 직원용 문 앞에서 그를 기다리기도 했다.

"밤 12시고 아침 6시고 시간에 상관없이 고객이 주문을 하면

무조건 김밥을 쌌습니다. 제가 싼 김밥을 이렇게 찾아주는 고객에게 내 편의를 위해서 안 된다고 거절을 하기 어려웠습니다. 운영시간과 안 맞는다고 거절하는 것이 쉽게 내키지 않았어요. 결국 보안실을 이용하는 꾀를 내게 되었고요. 그렇게 제가 노력을 하다 보니 고객들도 그런 제 마음을 더욱 이해해주었습니다. 물론 그런 고객분들이 또 다른 고객에게 소개하고 단골이 되는 이른바 선순환 구조가 만들어졌습니다. 모두 정말 감사한 일이지요."

종류가 다양하면 장땡?

마지막으로 나드리 김밥에선 또 다른 특징이 하나 더 있다. 김가네, 김밥천국 등 프랜차이즈 김밥집에는 있고 나드리에는 없는 중요한 포인트. 바로 라면, 순대, 만두, 볶음밥 등 다양한 식사 메뉴가 없다는 것이다. 언뜻 이해하기 힘든 일이기도 하다. 이렇게 손님이 몰리면 다른 메뉴를 요구하는 손님도 생길 법하고 또 다양한 메뉴를 팔다 보면 매출도 지금보다 더욱 많아질 수 있는데 말이다.

이들이 김밥집 간판을 달고 김밥 외 메뉴를 파는 이유는 가맹점주 수익을 내기 위해서다. 김밥만 팔아서는 이익을 내는 데 한계가 있기 때문이다. 프랜차이즈 본사는 돈을 벌지 모르겠지만 가맹점주는 큰돈을 벌지 못한다.

"동네 김밥집 중 1천 500원, 2천 원짜리 김밥들 많이 파는데요. 그런 김밥집들 김밥으론 절대 돈을 벌 수 없는 구조입니다. 남을 수 없습니다. 박리다매라고 하지만 그 가격으로는 박리다매로도 웬만해선 가게 운영이 힘든 구조죠. 결국 그렇다 보니 다른 음식을 겸해서 팔아야 운영이 가능합니다. 김밥천국인데 결국 김밥은 미끼상품인 격이죠. 그래서 김밥천국만 보더라도 김밥 종류는 10가지 내외인데 반해 그 외 메뉴는 40~50가지나 되는 겁니다. 가격구조만 봐도 그 답은 쉽게 알 수 있습니다. 김밥 한 줄은 1천 500원인데 김치찌개 하나는 6천원 정도 하잖아요. 즉 김밥 4개는 팔아야 김치찌개 하나를 파는 격이니. 결국 김밥은 간판에 대표 메뉴로 걸고는 있지만 김밥에 집중할 수 없고 또 다른 메뉴로의 끊임없는 유혹 구조를 만들어놓을 수밖에 없는 거죠."

그렇기 때문에 끊임없이 메뉴가 새로 나오고 사라지는 게 반복되는 것이다. 프랜차이즈 본사와 가맹점주가 이렇게 에너지를 분산해서 쓰다 보니 애초에 시작이자 본점의 대표 메뉴인 김밥의 맛도 일정하게 유지되기 힘들다. 이런 일이 반복되면 결국 고객은 떠나기 마련이다. 김밥집 고유의 특성은 사라지고 일반 식당과 다를 바

없어지기 때문이다.

    반면 나드리 김밥은 송파김밥 그때부터 지금까지 오로지 김밥만 판다. 김밥 종류도 10여 가지로 제한한다. 이유는 단 한 가지다. 맛이다. 새로운 메뉴 개발에 쏟을 힘이 있다면 기존 김밥 맛에 더 신경을 쓴다.

    임 사장은 "우리집의 기존 김밥에 길들여진 사람들은 새로운 김밥을 먹어보려고 하지 않는다"면서 "판매하는 데 효과를 볼 수 있는 새로운 메뉴는 없었다"고 말했다. 새로운 레시피를 개발하기보다는 기존의 김밥을 잘 파는 게 낫다는 생각이다. 송파김밥 시절부터 지금까지 김밥 메뉴가 거의 비슷하다는 게 임 사장의 말이다. 단 메뉴의 종류는 단순하게 하고 또 그 수도 유지했지만 김밥의 질은 계속적으로 높였다.

    앞서 말한 것처럼 구운 김과 오복채를 사용하는 것은 다른 김밥집과 같지만 임 사장만의 '비밀 레시피'인 특화 양념과 장아찌를 활용해 자신만의 맛을 창출해냈다. 이는 탁월한 '제품 혁신'을 이뤄낸 것으로 볼 수 있다. 또 프랜차이즈 김밥집보다 야채 비율을 높이는 등 재료를 듬뿍 넣어주다 보니 자연스레 김밥의 크기가 커졌다. 김밥 중에서 밥은 40% 야채가 60%정도의 비율을 유지한다.

임 사장은 "다른 김밥집은 밥이 하얗게 눈에 띄는데 우리는 야채가 더 눈에 띈다"라고 강조했다. 김밥 맛의 핵심인 쌀과 재료를 국산만 사용한다는 것도 중요한 요인이다.

소비자들은 안다. 좋은 맛에는 '정성'과 '좋은 재료'가 뒷받침한다는 것을 말이다. 고객 홍보에 크게 열을 내지 않아도 충성심 높은 고객에 의해 입소문이 나면 매출의 선순환 고리가 자연스레 형성된다는 것을 임 사장은 송파김밥 시절 체험으로 누구보다 잘 알고 있었다.

그들은 날 미친놈이라 불렀다

　나드리 김밥의 임 사장이 국내에서 작지만 알차게 준비를 한 케이스라면 다음으로 소개할 란주칼면의 최병권 대표는 스케일 크게 국내외를 넘나들며 준비한 사례다.

　서울 명동 골목길에는 다양한 음식점이 즐비하다. 칼국수, 이자카야, 부대찌개 등 셀 수 없이 많은 가게들이 저마다 손님의 발길을 끌기 위해 화려하게 간판을 달아놓았다. 그중 눈에 띄는 간판이 하나 있다. 바로 '꽁시면관(恭喜面館)'이다. 꽁시꽁시는 새해를 맞는다거나 직장에서 진급하는 등 좋은 일이 있을 때마다 서로 '축하합니다' 하며 건네는 중국 인사말이다.

　'딤섬 + 홍콩 요리 전문점'인 이 곳은 항상 오가는 손님들로 분주하다. 여느 중국집과 같은 메뉴이지만 색다른 외관과 인테리어에서처럼 남다른 메뉴와 음식들로 인기를 끈 덕분이다. 이 가게를 찾는 사람들이 꼭 먹어보는 메뉴 중 하나는 바로 딤섬이다. 그중에서도 소룡포가 으뜸이다. 한 점 집어 숟가락 위에 올려놓고 '젓가락으로 꼬집어' 살짝 터뜨릴 때 터진 만두피에서 흘러 나오는 육수의 뜨끈함과 진국 맛은 이 집의 소룡포에서만 느낄 수 있는 매력이다. 육즙에는 콜라겐도 많이 들어 있다. 언뜻 보기에는 느끼할 것 같지만 실제로 맛을 보면 고소하다. 기름기가 제거됐기 때문이다. 중국에서 흔히 사용하는 수퇘지가 아닌 암퇘지 살을 재료로 써서 그렇다. 또 만두소를 만들 때 마늘 참기름 등 한국인 입맛에 맞는 향신료를 사용한 덕분이기도 하다.

이렇듯 얼핏 보기엔 한국인들에게 생소한 딤섬 음식점을 하게 된 최병권 대표는 어떤 준비와 과정을 통해 여기까지 이르게 되었을까?

사실 최 대표는 원래 인테리어 디자인 사업가였다. 1980년대 명성을 떨쳤던 커피숍인 '자댕'의 인테리어를 독점 공급했다. 사업은 번창했다. 사업가로서 재미도 봤다. 하지만 1997년 IMF 외환위기로 부동산 경기가 급락하면서 최 대표의 사업도 직격탄을 맞았다.

"잘되던 사업이 직격탄을 맞은 후 한동안 방황을 했습니다. 딱히 무엇을 할 수 있을까에 대한 고민도 많았고요. 음식을 너무 좋아해서 막연하게나마 음식 장사로 재기를 해봐야겠다는 생각을 하긴 했는데, 용기가 나지 않더라고요. 아는 것도 없고. 그러다 중국을 드나들게 되었습니다. 중국 음식을 좋아해서 먹어도 볼 겸 지치고 아픈 마음을 달래도 볼 겸 말이죠."

그렇게 시작된 여정은 새로운 사업에 대한 꿈으로, 그리고 열정으로 변화하고 있었다. 어느덧 단순히 중국에 머리를 식힐 겸 가는 수준이 아니라 음식을 연구하는 일종의 사업 준비단계에 자신도 모르게 서 있었다. 중국의 거리를 구석구석 다니며 맛집들을 조사하고 소문난 주방장들을 만나 그들만의 방법들을 묻고 연구하기 시작한 것이 그때다.

그렇게 1년여 동안 중국 곳곳을 돌아다니며 중국요리를 탐구하면서 시간을 보냈다. 중국에서 발품을 팔며 시장 곳곳을 누빈 결과 현지에서도 손꼽히는 훌륭한 주방장들과 안면도 틀 수 있었다. 그들을 보며 최 대표는 꿈을 꿨다.

"그래, 이들을 데리고 가서 한국에서 진짜 중국 요리를 선보이는 거다. 내가 발품을 팔아가며 직접 찾아낸 이들이라면 한국에서도 분명 통할 것이다. 이들의 음식을 한국에 선보일 것이다."

그는 삼고초려 끝에 그들을 한국으로 모셔 오는 데 성공한다.

최 대표는 서울 방배동 뒷골목 건물 3층에 조리실을 차리고 중국요리 연구를 거듭했다. 중국에서 직접 발굴하고 모셔온 자그만치 여섯 명의 요리사들과 함께 다양한 요리 연구를 시작한 것이다.

"남들이 다 미친 짓이라고 손가락질 했습니다. 중국 현지의 음식으론 한국 시장 공략이 쉽지 않을 뿐 아니라 한두 명도 아니고 여섯 명의 현지 주방장을 데리고 와서 바로 개업도 아닌 연구라니. 얼마나 버티나 하며 제 뒤에서 비아냥거리는 사람들도 많았습니다. 그러나 전 분명 될 거라고 믿었습니다. 제가 중국 골목 구석구석을 돌며 확인한 음식과 사람들이었으니까요."

그리고 그 준비 기간은 무려 1년이나 걸렸다.

"우여곡절이 정말 많았습니다. 가장 큰 문제는 자금 압박이었고요. 빚쟁이에게 떠밀리는 상황도 있었지만 그래도 꿈을 버리지 않았습니다. 마지막 남은 사업 자금을 손에 쥐고 버텼죠."

그렇게 모든 준비가 끝났다. 확신에 찬 메뉴들도, 최고의 호흡을 자랑하는 멤버들도 그에게 있었다. 최 대표는 마지막 남은 돈으로 건물주를 찾았다. 믿고 맡겨달라고 사정했다.

뜻이 있는 곳에 길이 있다고, 수차례의 설득 끝에 건물주는 그에게 건물을 내주었다. 그렇게 그가 선택한 건물이 지금의 명동 한복판의 꽁시면관 자리다. 첫 개업 장소가 명동 한복판이라는 것도 가히 파격적인데 진짜 파격은 그다음에 있다. 진정한 글로벌 외식업체 공룡이자 자신들이 준비한 것과 동일한 메뉴인 딤섬으로 너무나 유명한 딘타이펑이라는 식당이 불과 5분 거리에 있는 장소였기 때문이다.

거인과의 혈투 - 딘타이펑과 대결하다

딘타이펑은 2달 앞서 명동에 자리를 잡고 딤섬으로 인기를 끌고 있었다. 그런데도 그가 명동으로 자리를 선정한 이유는 무엇이었을까?

"사실 뭐 죽기 살기였죠. 지면 끝이란 일종의 배수의 진을 치는 마음으로 결정한 것이었습니다. 물론 그간의 준비기간을 통해 강한 자신감과 신념이 있긴 했지요. 언젠가는 맞붙을 상대라 생각했고 꺾어야 할 상대라면 시작부터 잡고 싶었습니다."

첫 승부는 쉽지 않았다. 세계적으로 유명세를 떨치고 있는 데다 엄청난 마케팅과 물량공세, 건물 환경 등 뭐 하나 녹록치 않은 상대와의 예상 된 싸움이었다. 고전의 연속이었다.

누가 봐도 최 대표의 꽁시면관이 딘타이펑의 적수가 되기는 어려워 보였다. 우선 규모 면에서 20배나 차이가 났다. 꽁시면관은

20평 남짓이었고, 딘타이펑은 400평이 넘는다. 정말 큰 산이 따로 없었다. 고객 집객도 너무 힘들었다. 그렇지 않은가. 세계 10대 레스토랑에 이름을 올린 가게를 두고 이름 없는 중식당으로 발길을 돌리는 손님이 몇 명이나 될 것인가.

그렇다고 손을 놓고 있을 순 없었다.

"뭐 한 달 정도는 내리 딘타이펑에 가서 음식을 주문했던 것 같습니다. 당시로선 그것이 제가 할 수 있는 최선의 방법이었습니다. 음식을 시키고 음식을 맛보고 다른 고객들이 무엇을 시키는지 또 고객들 대화 속에서 평가는 어떤지 살피는 것이었습니다."

그런데 흥미롭게도 며칠을 방문한 이후에는 자신이 시키는 메뉴도 또 다른 고객들이 시키는 메뉴도 늘 같았다. 주변 식당들이 시즌 변화에 맞춰 신메뉴를 간판에 내거는 것과는 대조적이었다. 손님을 맞는 서비스도 세계 10대 레스토랑이란 수식이 무색할 만큼 기본적이었다. 이때 최 대표는 딘타이펑에 대한 환상이 확실히 깨졌다. 진짜 해볼 만한 상대로 거인을 보기 시작한 것이다.

"비록 강한 신념과 자신감으로 무장해서 오픈을 하긴 했지만 힘든 현실 앞에 서자 작아지기 시작했죠. 자신감도 떨어지고. 그렇게 되자 제 앞의 상대가 더욱더 커 보였던 거고요. 그런데 막상 그 실체의 한계를 확인하니 집나갔던 자신감이 돌아오기 시작했습니다. 강하게 보였으나 사실은 허점이 많은 거인을 쓰러트릴 방법을 생각해 낼 수 있다고, 그렇게 스스로 믿기 시작했습니다."

최 대표는 딘타이펑을 드나들며 그들의 약점을 이렇게 정리했다. "많은 딤섬 메뉴, 그러나 실제론 선택의 한계가 있는 메뉴, 긴 대기시간, 다소 부담스러운 가격, 친절하지 않은 서비스." 그리고는 이런 약점들을 보완할 수 있는 묘안을 생각해내기 시작했다. 그렇게 시작한 첫 시도가 '자장면 공짜' 서비스다. 딘타이펑 딤섬의 대항마인 꽁시면관의 만두를 시키면 두세 젓가락 양 정도의 자장면을 무료로 증정하는 것이다.

"당시 딤섬에 익숙하지 않았던 고객들은 딤섬 말고 뭔가가 부족했습니다. 식사 용도로 말이죠. 마치 고기를 먹고 된장찌개나 냉면을 먹어야 뭔가 마무리 된 느낌 같은 거요. 그런데 막상 식사를 시키자니 좀 부담스럽고. 애매했던 거죠. 거기에 가격도 만만치 않으니까요. 상대의 허점이 제게는 기회였고, 저는 그걸 노렸습니다."

그뿐이 아니다. 그는 매우 빠르고 신속하게 한국에 맞는 한국형 딤섬을 개발해 내놓았다. "속도, 중요합니다. 딘타이펑은 신메뉴를 내놓을 때도 대만 본사에 가서 결재를 받고 와야 합니다. 그 시간은 적어도 두 달 이상이 걸려요. 그런데 저희는 우리만의 메뉴를 개발해서 신속하게 시장에 투입시켰고, 시장의 반응에 따라 발 빠르게 움직였죠. 결국 손님은 우리의 손을 들어줬습니다."

공짜 자장면에 오리지널 딤섬 딘타이펑보다도 더 다양하고 한국적인 딤섬을 소개하면서 소문은 삽시간에 퍼져나갔다. 물론 손님도 눈덩이처럼 불어났다.

"어떻게 보면 운이 좋았다고 볼 수 있죠. 당시 한국 시장에선 생소했던 딤섬 시장은 딘타이펑이라는 거인이 열어준 것이나 다름없으니까요. 그런데 그 열린 시장은 저희가 접수한 모습이 되었으니. 결과적으로는 너무나도 운이 좋은 거죠."

최 대표는 여기서 그치지 않았다. 그는 중국에서 건너온 주방장들과 끊임없는 메뉴 개발을 시도했다.

메뉴판에도 법칙이 있다

"메뉴 개발에는 고객들에 대한 관찰이 절대적으로 필요합니다. 예를 들어 불황에는 가게 사장이 공들인 음식이라고, 사장이 엄청민다고 손님들이 관심을 가져주지 않습니다. 손님들은 가게에서 간단히 끼니를 해결하면서 저마다 세상 돌아가는 내화에 더 관심을 갖습니다. 또 가격에도 매우 민감하죠. 즉, 가게에 와서 메뉴판을 오랫동안 살펴보면서 '이 집의 간판 요리'가 뭔지 별로 궁금해하지 않는다는 말입니다. 이름만 봐선 알 수 없는 요리를 사장이나 직원이 아무리 훌륭하게 설명을 해준다고 해도 손님들은 관심 밖입니다."

이럴 때 어떻게 하면 고객들에게 '간판 메뉴'를 강렬하게 내세울 수 있을까?

"가게에서 추천하는 게 아니라 손님이 '먼저 달라'고 할 수 있도록 선택이 쉬운 메뉴를 메뉴판에 넣어야 합니다. 다만 반드시 소개하고 싶은 요리, 반드시 팔아야 하는 요리에 대해서는 끊임없이 연구해야 합니다. 소개 방법을 말이죠. 고객이 관심을 갖게. 끊임없이 고민하면서 고객들을 관찰하면 그 답이 보입니다."

메뉴를 쓰는 법 하나만 해도 팔고자 하는 의지가 있다면 완전히 달라질 수 있다. 최 대표는 이른바 '3의 법칙'을 쓴다. 하나의 상품을 띄우기 위해서 두 개의 상품을 곁들이는 것이다. 예를 들어 탕수육이라는 큰 메뉴가 있다면 그 밑에 쇠고기탕수육, 닭고기 탕수육, 찹쌀탕수육 등 3종으로 탕수육을 다양화에 메뉴판을 채우고 이 중 찹쌀탕수육을 더 의도적으로 미는 것이다. 미는 방법은 간단하다.

"찹쌀 탕수육을 띄울 생각이면 찹쌀 탕수육에는 매장 추천 상품이라고 메뉴판에 써주고 나머지 두 탕수육에는 아무것도 하지 않는 겁니다. 그러면 손님들은 자연스럽게 추천메뉴인 찹쌀 탕수육을 먹게 되죠. 3개의 탕수육이 있지만 결국은 1개인 셈이죠. 또는 찹쌀 탕수육 가격을 세 개의 중간쯤으로 배치하는 것도 방법입니다. 사람들은 비슷한 경우라면 가장 비싸거나 가장 싼 음식보다 그 중간에 있는 가장 무난한 음식을 시키는 경우가 대부분이거든요."

그러나 사실 진짜는 그다음에 있다.

"메뉴판 교체 시 철칙은 인기 없는 개별 음식을 빼는 것이 아니라 '종'별로 점수를 매긴다는 것입니다. 탕수육 중 찹쌀 탕수육이 인기가 있으면 나머지 쇠고기 탕수육과 닭고기 탕수육도 메뉴에 남습니다. 물론 주방에선 찹쌀 탕수육을 넘어설 수 있는 쇠고기와 닭고기 탕수육 자리를 대체할 요리를 끊임없이 개발합니다. 그렇게 탕수육 시리즈는 계속 연명하는 것입니다. 그런데 전략 상품인 찹쌀 탕수육이 인기가 없다면 탕수육 시리즈 자체가 다른 상품으로 교체되어야 합니다. 탕수육 시리즈가 사라져야 하는 것이지요. 만약 탕수육 시리즈를 계속 가져간다 하더라도 그 시리즈 자체가 통째로 다른 양념이나 재료로 바뀌어야 합니다. 고객들이 외면했으니 그 메뉴를 유지하는 것은 고객에 대한 예의가 아닙니다."

내 취미는 음식 싸오기

끊임없이 나오는 아이디어는 앞서 말한 것처럼 고객을 관찰하고 이를 바로 실행할 수 있는 속도에 있었다. 그런데 최 대표에게는 독특한 취미(?)가 하나 있다. 그는 해외든 국내든 여행을 가서 먹어본 음식 중에 맛있는 것은 꼭 싸서 돌아온다. 특히 해외 음식은 꼭 한국에서 다시 먹어본다.

이유는 명쾌하다. "보통 해외 여행지에서 먹는 음식들이 맛이 있다고 느껴질 때가 많습니다. 해외여행 기분이 아마 절반 이상의 이유일 겁니다. 그런데 그렇게 맛있게 먹은 음식도 한국에서 먹어보면 영 아닐 때가 많습니다. 외국음식 들여와서 망하는 식당 많이 보셨죠? 왜 그럴까요? 외국에 있을 때 입맛에 맞았던 걸 한국에서도 통할 것이라고 오판했기 때문입니다. 저는 외국에서 음식이 맛있으면 랩으로 싸와서 한국에서 다시 먹어봅니다. 그래야 맛이 정확합니다."

일종의 직업병이다. 해외에서 싸온 음식이 한국에서 먹어보니 맛이 없다면 그대로 '아웃'이다. 뒤도 돌아보지 않는다. 한국에서 먹었는데 맛있다면 최 대표의 연구 표적이 된다. 그 음식은 해부학 실습시간에 의대생들이 그러하듯 그와 그의 팀 요리사에 의해 철저하게 까발려진 뒤 원 요리법을 복원해낸다. 기업들이 경쟁사의 신제품을 구입해서 제품 조립순서의 반대로 제품을 하나하나 분해해 제품의 제조과정 및 성능을 파악하는 리버스 엔지니어링을 음식에 적용한 것이다. 산업계에선 기술적으로 열위에 있는 기업이 특정상품을 모방, 생산하려는 경우 리버스 엔지니어링을 하지만 최 대표는 음식 기술이 떨어지기보다는 뛰어난 요리 솜씨를 바탕으로 훌륭한 맛을 모방해 재생산한다. 시장에서 먹힐 것 같아서 실제로 적용해봤는데, 막상 해보니 별로인 경우도 있었다. 실패한 쪽이 사실 더 많다. 신메뉴에 대한 고객 반응 기준을 엄격히 정해놓았기 때문이다.

최 대표는 신메뉴의 생존 기한을 딱 한 달로 설정해놓았다. 한 달 동안 고객에게 인기를 얻지 못하는 음식은 그날로 메뉴판에서 이름이 지워진다. 하지만 수많은 아이디어를 실험하다 보면, 그중에 대성공인 작품이 나오기 마련이다. 인기를 끌면 지속적으로 사용한다. 꽁시면관의 마늘 깐풍기, 마늘 갈비 등이 그렇게 탄생한 대표적인 메뉴들이다.

최 대표는 "마늘 메뉴의 원조는 나"라고 자신 있게 말하고 다닌다. 마늘요리 역시 철저한 그의 연구 절차를 통해 탄생한 메뉴들이다. 그런 노력들로 탄생한 마늘 깐풍기, 마늘 왕새우, 마늘(돼지)갈비 등은 실제로도 인기가 높다.

나와의 싸움에서 승리하라! 초심!

최 대표는 마음이 나태해질 때면 초심을 되새긴다. 다리품을 팔아 다른 가게를 다니며 몸은 고됐지만 즐거웠던 그 시간들을 떠올리며 잊지 않으려 애쓴다.

"즐겁게 일하자."

애당초 최 대표가 음식 장사를 시작한 것도 곰곰이 생각해보면 다른 일보다 음식 장사를 하는 게 더 인생을 즐겁게 살 수 있다고 생각해서다. 그러니 큰돈을 벌지 못해도, 즐겁게 살아가기 위한 정도의 돈만 벌면 되는 것이다.

'돈 벌어야지'라는 생각이 앞서면 지나치게 유행을 쫓거나 주위 환경 변화에 휩쓸리게 된다. 유행이 얼마나 무서운 건지 그는 인테리어 사업을 하면서 깨달았다. 갑자기 확 붐이 일었다가 어느새 빠른 속도로 거품이 빠진다. 흔적도 없이 사라진다. 조끼조끼, 버블버블, 추풍령 감자탕 등 예전에 유행하다 한순간에 사라진 음식점 브랜드를 누구나 하나씩은 쉽게 떠올릴 수 있을 것이다. 물론 메뉴에는 그때 그때 트랜드를 잘 반영시킬 필요는 있다. 하지만 가게 전체를 걸고 유행을 쫓아선 안 된다. 오히려 질릴 일이 없는 평범한 가게를 만드는 게 더 낫다. 그것이 더 롱런하는 방법이다.

그는 새롭게 사업을 시작하기 전 조언을 구하러 찾아온 사람들에게 이렇게 이야기한다.

"정말 많이 다녀보세요. 좋은 가게를 판단할 수 있는 손님이 되셔야 좋은 사장도 될 수 있습니다. 스스로 진짜 손님이 돼본 적이 없으면서 어떻게 가게를 운영하겠습니까? 정말 제대로 된 가게를 발견할 수 있는 눈이 생겨야 하고 그곳의 노하우를 찾아낼 수 있어야 합니다. 그런 사람이 만든 가게는 대기업에서도 제대로 흉내를 낼 수 없기 때문입니다. 가게를 보러 갈 때의 태도도 중요합니다. 어떤 가게든 '배울 점이 있다'고 생각하고, 그래도 없다 싶으면 '여기는 왜 이 수준밖에 안될까' 혹은 '나라면 어떻게 운영할까'를 고민해야 합니다. 즉 '그'가 아닌 '나'라는 인칭의 변화가 있어야 합니다. 그래야 성공적인 모습뿐 아니라 실패한 사례에서도 반면교사를 얻을 수 있습니다. 사방이 공부할 장소입니다. 끊임없이 공부하셔야 합니다. 그렇게 철저하게 준비하셔야 망하지 않을 수 있습니다."

얼마 전 꽁시면관엔 경사가 있었다. 2013년 1월 롯데백화점 강남점 식품관에 입점한 후 패밀리 레스토랑 베니건스의 월매출을 꺾은 것이다. 베니건스 매장이 꽁시면관보다 2배 이상 크다는 점에서 그 결과는 실로 더 놀라운 일이었다.

3장

그들은 달랐다

바로 '그' 카레를 찾아서

챔피언의 필수요소라면 단연 '다름'이 아닐까. 그 다름의 시작점과 표현방식은 다 다르겠지만 그들 주변의 경쟁자들, 특히 거인들은 따라 할 수 없는 그들 자신만의 경쟁력을 만들었다는 것만큼은 분명하다. 이번 장에서 소개할 두 챔피언들은 그 진정한 '다름'으로 시장의 기회를 포착하고 자신들의 목표를 이룬 사람들이다.

아비꼬 카레의 홍대 사무실. 외식업 회사라기보다는 디자인 회사라고 하는 게 더 어울릴 법했다. 모던하면서 세련되고 굉장히 감각적이었다. 인테리어 디자인에 문외한인 사람들이 이 사무실을 찾으면 반드시 '어? 내가 사무실을 잘못 찾았나?' 싶을 정도로 세련된 사무실이다. 그 가운데 최재석 대표의 사무실이 있었다.

깔끔한 면바지에 스웨터를 걸친 영락없는 대학생의 모습. 올해 33세. 최 대표는 일본 오사카 지역에서 태어나 고등학교까지 다녔다. 고려대학교에 진학해 일어를 전공했다. 대학에 입학하면서 한국에 정착했다. 대학에서 현재 공동 대표를 맡고 있는 김동완 사장을 만났다. 김 사장은 최 대표보다 2살 위다.

둘은 무엇보다 사업가가 되고 싶다는 꿈과 열정이 통했다. 그렇게 같은 꿈을 키워가며 서로 가까워졌다. "꿈이 비슷한 사람들은 뭔가 통하는 게 있더라고요. 뭐라 할 것 없이 가까워졌어요." 그렇게 두 사람은 학창시절을 함께하고 함께 꿈꾸는 동료가 되었다.

최 대표가 일본식 카레집에 대한 가능성을 발견한 것은 아주 우연한 계기였다. "대학시절부터 어떤 아이템으로 사업을 해야 할까 고민이었습니다. 그러다 군대에 가게 되었습니다. 그런데 휴가를 나와 인기 일본식 카레집에서 밥을 먹는데 너무 맛이 없었어요. 보통은 군대에서 휴가를 나와서 먹는 속칭 사재 음식은 다 맛있잖아요. 일본에서 즐겨 먹던 제가 제일 좋아하는 일본식 카레는 휴가를 나오면 가장 먹고 싶었던 음식이었거든요. 그래서 바로 첫 휴가를 나오자마자 일본식 카레집을 갔는데, 그 맛이 정말 형편이 없더라고요."

그는 그 순간을 놓치지 않았다. 웬만해선 맛있을 일본식 카레가 한국에선 이렇게 형편 없는 맛으로 소개될 수도 있구나 싶었다. 일본 카레의 맛을 제대로 살리면 시장에서 통할 수 있을 것이란 판단이 섰다. 그런 그는 그 후로 몇 곳의 카레집을 더 찾았지만 그 맛은 별반 차이가 없었다. 그는 대학 친구이자 지금은 사업 파트너가 된 김동완 사장에게 이 이야기를 넌지시 흘렸다. 그러자 김동완 사장 역시 강하게 동의했다. 그렇게 두 사람은 겁도 없이 일본 정통 카레집을 시작하는 데 의기투합한다.

이후 시장조사를 하면서 더욱이 강하게 확신을 가질 수 있었다. "이 정도 맛으로도 손님을 끌고 있는데 진짜 일본식 카레를 선보인다면 분명 대박 아이템이 될 것이다"라고 생각했다.

그는 오사카에서 오랫동안 카레전문점을 경영한 카야마 할아버지를 떠올렸다. 카레를 세상에서 제일 좋아하는 손자들을 위해 카레 만드는 걸 멈추지 않았던 카야마 할아버지. 그 할아버지의 레시피라면 카레로 대한민국을 감동의 도가니로 만들 수 있을 것 같았다. 그는 일본행 비행기에 올랐다. 카야마 할아버지를 만나기 위해서였다.

그렇게 카야마 할아버지를 찾았다. 그러나 할아버지가 카레 요리법을 쉽게 내줄 리 만무했다. 특히 그의 요리법은 일본 내에서도 선택된 자에게만 전수하는 것으로 정평이 나 있었다. 최 대표는 비장했다. 이 요리법이 아니면 안 된다는 각오를 다졌다. 어떻게든 받아와야 했다. 유비가 제갈량을 얻기 위해 삼고초려를 했다는 건 예사였다. 한국에서 날아온 새파란 젊은이가 카레 장사를 하겠다고 다짜고짜 찾아왔으니 카야마 할아버지도 그의 진심을 보고 싶었던 것이었으리라. 최 대표는 카야마 할아버지의 장인정신이 녹아 있는 요리법을 전수받고 싶다는 진정성을 보여주기 위해 무지 애썼다. 특히 그 무엇보다 진정한 마음을 담아 자신이 이 사업을 하고 싶어 하는 이유를 설명하고 또 설명했다.

"할아버지, 일본식 카레는 제가 어릴 때부터 너무 좋아하는 음식입니다. 오죽했으면 군대에서 나와 첫 번째로 찾아간 집이 일본 카레 전문점이겠어요? 그런데 한국에서 일본식 카레가 현지화라는 전략 아래 전혀 다른 맛으로 변해가고 있습니다. 물론 현지화라는 것도 필요하겠지만 그 맛이 좋은 쪽이 아닌 나쁜 쪽으로 변질되고 있다는 생각입니다. 제게 기회를 주세요. 할아버지의 그 카레 조리 비법으로 한국의 많은 사람들에게도 진짜 맛있는 일본카레를 맛보게 해주고 싶어요."

진심은 통한다고 했던가. 할아버지한테 찾아가기를 수십 차례, 문 앞에서 기다리고, 들어주지 않는 이야기를 끊임없이 하고, 무료 홀 서비스까지. 카야마 할아버지가 손자를 위해 요리하는 그 진실된 마음이 있듯 최 대표 역시 자신의 진심된 마음을 보이려 애썼다.

그리고 할아버지의 마음에도 조금씩 변화가 생기기 시작했다.

결국 그는 "손님의 마음을 헤아리는 자세야말로 음식점 경영자에게는 제1의 자질"이라고 생각해온 카야마 할아버지를 감동시켰다. 그렇게 해서 기존에 없던 일본 정통 카레가 한국에 들어오게 됐다. 2008년 최 대표의 나이 28살이었다.

다시 일어선다는 것

일단 새로 만든 음식을 거부감 없이 선택할 수 있는 젊은 층들이 모여 있는 장소를 물색했다. 단연 홍대였다. 거기서 가게를 열었다. 그러나 장사가 안 되는 건 둘째 치고 위기 그리고 위기, 계속되는 위기의 연속이었다. 그중 단연 최고는 사기 일보 직전까지 간 사건이었다.

가게 홍보를 위해 홍보대행사 대표를 만났다. 개인적으로 일본요리에도 관심이 있고 이 사업의 가능성을 높이 평가하고 있으니 본인에게 홍보를 맡기고 회사를 같이 키워나가자 했다. 너무나도 순진한 마음으로 그들을 믿었다. 정말 같이하려 했다. 그런데 시간이 갈수록 초기 자본이 부족하고 장사가 잘되지 않는 상황을 역 이용해 적은 돈으로 많은 지분을 요구하기 시작했다. 결국 제대로 운영해보지도 못하고 가게를 빼앗길 뻔했다.

아르바이트 때의 경험을 믿고 진행한 가게 인테리어 공사가 부실공사로 진행돼 물이 가게 안으로 한 가득 샌 일도 있었다. 결국 인테리어를 다시 하는 등 겁 없이 가게를 연 초보사장이 경험할 수 있는 안 좋은 일들은 다 경험한 듯싶었다.

그뿐이 아니다. 가게를 오픈하고 손님이 좀 들기 시작하자 투자를 하겠다면서 접근하는 이들이 생겼다. 항상 돈이 모자랐을 때니까 솔깃했다. 투자금을 받기로 결정하고 계약서에 도장을 찍으려던 찰나에 의심이 들었다. 장사가 크게 잘되는 것도 아닌데 가능성만 보고 투자를 한다는 게 이상했다. 고민을 많이 했지만 돈이 급하니 도장을 찍으려고 하다가 마지막에 투자를 받기로 한 결심을 거뒀다. 그렇게 회사가 넘어갈 위기를 피한 게 수차례다.

사실 창업후 6개월간은 죽을 맛이었다. 장사가 너무 안 됐기 때문이다. 한 달에 300만 원씩 적자가 쌓였다. 믿었던 할아버지의 레시피에도 문제가 많았다. 정확히 말하면 할아버지 레시피의 문제라기보단 그 레시피를 실행하는 과정에서의 문제였다. 완성도가 높은 레시피일수록 그 요리에 대한 애정을 갖고 최선을 다해야 했다. 아주 작은 차이로도 음식 맛에는 큰 차이가 난다. 그런데 금전적인 문제로 경험이 적은 요리사들을 고용하다 보니 그 음식과 맛에 대한 이해도가 떨어졌고 도통 할아버지의 맛이 나오질 않았다.

처음에는 카레가 타서 나가는 경우도 있었고, 튀김이 덜 익은 채 나가기도 했다. 잘못된 상품을 서비스로 무마하려고 했는데 어디 그게 될 일인가. 결국 한순간이었다. 문제 있는 식당으로 찍히니 바로 고객의 신뢰가 사라지는 소리가 들리기 시작했다. 얼마 해보지도 못하고 이런 저런 외부적 문제들에, 근본적인 문제인 음식과 요리 그리고 사람의 문제까지 더해져갔다. 총체적 난국이 되다 보니 스스로 헤쳐나갈 용기가 나질 않았다. 잠이 오지 않는 밤이 지속되었고 결국 그는 패배를 인정하게 되었다.

"실패다! 가게를 처분하자."

그런데 설상가상으로 부동산에 내놓은 가게에 관심을 갖는 곳이 없었다. 이유는 간단했다. 장사가 안 되는 가게였기 때문이다. 경기도 좋지 않은 판에 장사가 안 되는 터로 찍힌 가게를 원하는 사람이 없는 것은 당연했다.

가게를 사겠다는 사람이 없자 답답한 마음에 부동산 시장 분위기를 다시 확인하기 위해 손님을 가장해 부동산을 찾았다. 그런데 부동산 사장님 왈, "그런 매물 없습니다."

"이런…… 부동산 사장들조차 포기한 매물이었던가. 이 정도게로 내가 가게를 엉망징창으로 운영했던가."

그런 생각이 들자 그간 좌절하고 자학했던 자신에게 오기가 발동하기 시작했다. "이 정도라면 이건 자존심 문제다."

최소한 그런 터가 아니라는 것을, 뭔가를 보여주고 싶은 마음이 들었다. 그 마음이 어디서 생겼는지 또 왜 그런 생각을 했는지는 지금도 정확히 설명되지 않는다. 단 그 부동산 사건을 계기로 최 대표는 어떻게든 매출을 올리고야 말겠다는 생각이 들었다. 그렇게 부동산에 가게를 내놓은 후에야 개발한 메뉴가 바로 지금의 카레 메뉴다.

결국 드라마나 영화의 주인공처럼 바닥에서 일어난 사건이 바로 그 부동산 사건이었고 그날 이후로 그는 다시 일어섰다.

무한리필! 무한토핑! 그리고 대파 마늘 후레이크!

무엇보다 무엇이 문제였는지 다시 고객의 소리를 들을 필요가 있었다. 그간 자주 왔던 단골, 주변 지인, 선후배 등 닥치는 대로 사람들을 만나고 음식 맛을 물었다. 아울러 주변에 잘된다는 음식점들을 다니며 음식 맛을 비교해보고 관찰해보기 시작했다.

결국 결론은 미묘하지만 작은 개선의 여지들이 있었다. 무엇보다 음식의 개선이 필요했다. 고객의 목소리를 반영할 필요가 있었다. 그런 조사들을 토대로 새로운 변화를 시도했다.

첫 번째 변화는 손님에게 맘껏 먹을 수 있도록 자유를 허용한 것이다. "이리 망해도 저리 망해도 망하는 건 동일하다. 그럴 바엔 초심으로 돌아가서 제대로 된 일본카레를 소개하고 고객들이 맘껏 먹을 수 있도록 만들어봐야겠다." 그렇게 시작된 것이 바로 무료 토핑 서비스다.

대파와 마늘 후레이크는 무제한 공급한다. 카레와 밥도 무한 제공이다. 얼마든지 손님이 배불리 먹을 수 있도록 한 것이다. 카레집이 리필 서비스를 한 것은 국내에선 아비꼬 카레가 처음이었다.

결과는 대성공이었다. 변화의 결과가 물론 바로 나타나지는 않았다. 일주일에 5만 원, 10만 원 이렇게 조금씩 조금씩 개선의 여지가 보이기 시작하더니 어느 순간 폭팔적으로 늘어났다.

이들의 성과를 본 농심이 운영하는 카레전문점 코코이찌방야도 카레 리필 서비스를 유료(천 원)에서 무료로 전환했다. 하루 아침에 듣보잡 카레 전문점이 대기업도 모방하는 카레 전문점으로 탈바꿈하게 된 것이다. 작은 변화로 매우 큰 결과를 이끌어낸 셈이다. 이후 국내 카레집에는 무료 리필 서비스가 유행하게 됐다.

최 대표는 변화에 박차를 가했다. 그중 획기적인 것이 대파와 마늘 후레이크 토핑의 특화다. 카레에 대파와 마늘을 넣을 생각은 어디서 했을까. "사실 아이디어는 여기저기 널려 있더군요. 그걸 못 본 거지요. 절심함 뒤에 고객을 관찰하고 무엇이 문제일까 어떻게 변화시킬까에 대한 간절함이랄까요. 왜 '유레카!'의 유명한 일화도 결국은 다 같은 연장선상에 있는 것 아니겠어요. 절심함을 맘에 담고 있다 보면 어느 순간 일상에 있었던 것이 답으로 다가오는."

마늘은 패밀리 레스토랑인 메드포갈릭에서 콘셉트를 가져왔다. "매일 걷는 거리죠. 집으로 가던. 아마 매일 그 상점을 지나쳤을 겁니다. 그런데 어느 날, 메드포갈릭 앞에서 입장을 대기하고 있는 사람들이 눈에 띈 거예요. 젊은 남녀들. 딱 저희가 타켓으로 하고 있는 고객들이 말이죠. 그러니 순간 간판이 눈에 들어오더군요. 마늘을 얼마나 좋아하면 미쳐? 아 가만 있어보자. 마늘이라…… 생각해 보니 카레와 마늘은 궁합이 잘 맞는 음식이더라고요. 더욱이 마늘은 한국음식엔 어디에나 들어가는 대표 재료고요. 마늘을 날로 먹는 사람들까지 있잖아요. 고추장이나 된장에 찍어서."

대파도 마찬가지다. "대파는 친구와 삼겹살집에서 고민을 토로하던 중에 아이디어를 얻었습니다. 그날 그 삼겹살집에 파절임이 나왔는데 유독 젓가락이 많이 가더라고요."

그렇게 대파와 마늘로 카레와의 조합이 이뤄졌다. 그리고 그것은 자체 평가와 수차례에 걸친 소비자 예비 테스트를 거쳐 지금은 아비꼬카레에 없어서는 안 될 요소가 되었다.

당신에게 맞춰드립니다

보통 가게를 할 때 전략적으로 접근하는 경우가 많이 있다. '어떤 손님을 겨냥할 것인가?'와 같은 고민은 가장 대표적인 질문이자 방향성이다. 이에 대해 최 대표는 복잡할수록 단순하게 생각할 필요가 있다고 말한다.

"저도 처음에 오픈하고 가게가 잘 안 되자 마음이 복잡해지고 생각이 많았어요. 뭐 그렇다고 딱히 새로운 뾰족한 수가 생기는 것도 아니고요. 지금 되돌아보면 가장 좋은 답은 초심으로 돌아가서 단순해지는 것 같습니다. 제 경우만 보더라도 일본카레를 시작하게 된 이유는 간단했거든요. 제가 맛본 그 맛있었던 일본카레를 한국의 많은 사람들에게 소개해보고픈 그 마음이요. 실세로 손님들이 맛있게 먹는 모습을 볼 때 그 즐거움은 실제 경험해보지 않은 사람은 알 수 없습니다. 왜 어머니들이 그러시잖아요. 아들 맛있게 먹는 것만 봐도 배부르다고. 뭐 그런 즐거움, 그런 마음. 그런 마음을 가질 수 있다면 다 잘되실 수 있을 겁니다. 저 역시 그런 마음으로 돌아가니 새로운 아이디어들이 더 생기더라고요."

아비꼬카레는 카레점 최초로 카레의 맵기를 선택해서 먹을 수 있게 고객을 배려했고 재료까지도 소비자의 취향에 따라 골라 먹을 수 있게 했다.

"아비꼬카레의 큰 장점은 자기가 원하는 대로 카레와 재료를 골라서 먹을 수 있다는 것입니다. 카레에는 당연히 당근, 감자가 들어가죠. 어떤 이는 감자가 싫고 당근이 좋을 수도 있고, 어떤 이는 당근이 싫고 감자가 좋을 수 있죠. 그 취향을 다 맞춰주는 겁니다. 본인 선택에 따라서요."

카레 맛도 1단계 순한 맛부터 5단계 매운맛으로 구분했다.

"각자 개인의 취향이 뚜렷하기 때문에 최대한 그들에게 맞춰주는 것이죠. 내 방식에 손님이 맞추도록 한다면 가게 운영은 편하겠지만 장사는 지금보다 안 될 거예요."

이 모든 것이 그의 단순한 생각, 즉 어떻게 하면 그들이 보다 맛있게 그리고 즐겁게 먹는 모습을 볼 수 있을까에 대한 고민에서 시작되었던 것이다.

거인들에게도 약점은 있다

매상이 좋지 않으면 다들 어떻게 해야 하나 난감해질 것이다. 그 역시 앞서 그가 이야기한 것처럼 오픈 초기 힘든 시기를 보냈었다.

"힘든 시기를 겪다 보면 돈의 압박이 매우 심해집니다. 그러다 보면 가장 쉬운 방법이 영업시간을 늘리는 겁니다. 예를 들면 점심 식사를 주로 하는 집은 아침 혹은 저녁 장사를 고려하고 9시 문을 닫는 시간이 11시로 연장되고 뭐 이런 식이죠."

최 대표 역시 동일한 생각을 했었다. 하지만 "실제 영업 시간이 길어진다고 매상이 큰 차이를 보이진 않습니다. 오히려 장점보다 단점이 더 많아지죠. 주방과 홀 직원들 불만이 쌓여가고 또 실제로 피곤이 누적되기 일쑤죠. 결국 이러한 결과는 막대한 피해로 직결됩니다."

매상을 늘리려면 단순히 영업시간에 초점을 두지 말고 다른 각도에서 궁리를 해볼 필요가 있다. 뭔가를 해보려고 해도 규모가 작아서 안 된다고 위축돼선 안 된다. 오히려 규모가 작으니까 변화를 주기도 쉬울 수 있다. 대기업 프랜차이즈들은 엄청난 연구와 시행착오를 거듭해서 이런저런 다양한 메뉴를 만들고 가게를 오픈하고 있다. 하지만 개인이 하는 가게는 오직 자기가 운영해야 할 가게 하나만 생각하면 된다. 같은 문제라도 공룡들이 운영하는 가게들이 하는 고민보다 열 배는 더 깊게 할 수 있다는 얘기다. 더욱이 그들은 어찌 되었든 월급쟁이들 아닌가. 나는 내 생사를 건 주인이고. 고민의 깊이와 질이 달라질 수밖에 없는 대목이다.

특별히 엄청나게 획기적인 그 무엇, 누가 들어도 놀라 자빠질 그런 아이디어를 떠올리라는 말이 아니다. 그런 것은 사실 세상에 없다고 생각하는 편이 나을지 모른다. 많은 골목상권 챔피언들을 만나보면서 느낀 점은 대형 프랜차이즈들이 추구하는 '외형을 키우는 장사'와 자영업자의 '자신이 먹고 살기 위한 장사'는 본연적으로 다르다는 것이다. 어느 쪽이 옳다고, 요즘 말로 누가 '장사의 신'인지는 알 수 없지만 어느 쪽이 오래 지속할 수 있는지는 두고 볼 일이다.

앞서 이야기한 것처럼 자영업자는 본능적으로 이기는 방법을 알고 있다고 생각한다. 거인들과의 싸움에서 물리적인 차이 때문에 몰리는 것 같고 한쪽으로 쏠리는 게임 같지만 그 내재된 힘만큼은 거인들이 골목상권의 작은 희망들을 따라잡을 수 없다. 현장을 바라보는 고민의 깊이 그리고 열정의 정도가 태생적으로 다를 수밖에 없기 때문이다. 다만 골목상권의 많은 이들이 그 방법을 끄집어내지 못하는 것일 뿐이다.

　이 책을 쓰는 이유가 바로 여기에 있다. 골목상권 챔피언들의 이야기를 전달함으로써 잠자고 있는 또 다른 숨은 챔피언들이 활화산처럼 불타오르길 기대하기 때문이다.

　거인들은 그들의 장점인 규모에 집착할 수밖에 없다. 그러나 골목상권의 작은 상점들은 그렇지 않다. 그들이 따라 할 수 없는 아주 작지만 강한, 소소하지만 사람과 고객의 마음을 움직일 수 있는 에너지가 잠재하고 있다.

　최 대표는 철저하게 맛으로 거인들을 이길 수 있다고 힘주어 말한다. 본사에서 매뉴얼화해 만든 메뉴를 천편일률적으로 만들어 내놓는 음식에는 요리를 하는 사람의 '손맛'이 부족할 수밖에 없기 때문이다.

　"대기업 프랜차이즈 음식 메뉴를 보면 작은 가게보다 오히려 허술할 때가 많습니다. 디테일한 부분이 부족해요. 시쳇말로 음식에 '영혼이 없다'고 할 수 있습니다."

　항상 새로운 것을 갈구하는 대기업 프랜차이즈들이 충분한 검증 없이 기계로 찍어내듯이 내놓는 신메뉴에 과연 '돈 버는 재미'가 아닌 '먹는 즐거움'이 담겨 있을지 생각해볼 대목이다.

음식 장사나 한번 해볼까?

음식점의 승부가 꼭 음식으로만 국한되는 것은 아니다. 뭐 이런 뚱딴지 같은 소리가 있냐 하겠지만, 코코로 벤또&엘쁠라또의 김찬혁 대표이사가 여기에 해당한다. 그는 젊은 나이에 벌써 일본 벤또 레스토랑과 스페인 요리 레스트랑 이 두 개의 레스토랑 체인을 갖고 있는 능력 있는 사장이다. 그러나 그런 그도 처음 시작은 그리 만만치 않았다.

김 대표는 연세대학교 컴퓨터공학과 98학번이다. 대학시절부터 기업에 취업을 하기보단 창업에 뜻을 두고 학교를 다녔다. 전공을 살려 IT 분야에서 '멜론' 같은 서비스를 내놓는 것이 꿈이었다. 음악을 좋아했기 때문이다. 4학년 때 책상에 앉아 아이템을 쥐어짜다가 답이 보이지 않아 절망했다. 스스로의 한계를 느꼈다. 친구와 놀이터에서 만나 맥주캔을 홀짝이며 유럽 배낭여행 추억으로 창업 스트레스를 날렸다.

그러던 중 친구와의 스페인 여행 이야기가 길어졌고 그때 먹었던 스페인 요리에 대한 추억에 젖었다. 순간 너무나 쌩뚱맞은 생각이 뇌리를 스쳤다. "그때 그 스페인 요리를 한국에선 맛볼 수 없나?" 아울러 이런 생각이 들었다. "그래, 한국엔 스페인 음식점이 없네. 그 맛있는 음식들이……."

김 대표는 당시 취업에는 뜻이 없었고 창업을 하겠다는 의지가 워낙 컸다. 어떤 아이템이든 걸리면 바로 실행에 옮길 판이었다. 그렇게 놀이터의 추억은 이 젊은 사업가의 스페인 음식점 도전기로 실행에 옮겨지기 시작했다.

우선 시장 조사를 했다. 당시에 스페인 레스토랑은 국내에 거의 없었다. 대구광역시에 있는 한 개가 유일했다. 니치마켓이란 판단이 섰다.

그는 창업에 꼭 성공하겠다는 일념 하에 기업에 이력서 한 통 보내지 않았다. 혹시나 창업에 어려움이 생겼을 때 나태해질 자신을 채찍질하기 위한 김 대표 나름대로의 '배수의 진'이었다. 그렇게 해서 2007년 홍대에 엘쁠라또가 첫 선을 보이게 됐다.

반응이 처음부터 꽤 좋았다. 트렌드가 가장 빠르고 새롭게 전파된다는 홍대에서도 새로운 음식이었고 장소였다. 그 새로움은 사람들의 입에서 입으로 전파됐다. 첫 달부터 적자가 나지 않았다. 순항이 이어졌다.

"저는 운이 참 좋은 편이란 생각이 들어요. 첫 매장이 망하지 않아서 레스토랑 사업을 계속할 수 있었던 것 같습니다. 그렇게 일을 하면서 점점 레스토랑 매력에 빠져들었고요. 외식업이 나랑 맞는 거 같다는 기분이 들었습니다. 시작했으니까 이 일에서 끝을 볼 때까지 가보자는 생각을 하면서 외식업계 사람으로서 스스로를 다져갔습니다."

운과 실력의 사이에서

김 대표는 욕심이 났다. 유동인구가 많은 서울 신사동 가로수길로 매장을 옮겨 확장 오픈하면서 사업을 이어갔다. 장사는 홍대에 있을 때보다 더 번창했다. 스페인 전문 요리점으로 많은 사람들이 알아주기 시작했다.

서울 광화문의 파이낸스센터빌딩에서 사업 제안이 왔다. 브랜치(분점) 제안이었다. 조건도 좋았다. 마다할 이유가 없었다. 파이낸스센터빌딩 지하 푸드코트는 장사가 워낙 잘돼 외식업자들에게는 파라다이스 상권으로 알려져 있다. 이곳 푸드코트에 자리가 나면 앞다퉈 입점 경쟁이 펼쳐진다.

김 대표는 이 기회를 놓칠 수 없었다. 수중에 여유 자금도 없고 점포 규모를 더 키워서 관리를 할 수 있는 물리적인 자원이나 시간도 부족했지만 우격다짐으로 입점을 강행했다. 하늘이 준 기회라고 봤기 때문이다. 효과는 좋았다. 브랜드를 더 많이 알리는 계기가 됐다. 유명 블로그나 언론에 소개글도 많이 나왔다.

첫 사업이 번창하다 보니 자신감이 붙었다. 그런데 이게 독이 됐다. 이 모든 성공이 자신의 실력이라 믿었던 오만함. 그건 결국 시장의 매서운 화답으로 돌아오고 있었다.

엘뽀라또로 번 돈으로 2008년 이태원에 미국식 스테이크 음식점 미트패커와 홍대에 브런치 카페를 열었다. 스테이크 음식점은 스페인음식의 경우처럼 새로움이란 키워드를 내세운 전략이었다. 정통 미국식 스테이크를 대중적인 가격으로 승부해보면 새롭겠다는 판단을 했다.

브런치 카페를 연 이유는 단순명료했다. 당시 브런치 카페는 그야말로 인기 최고였다. 결론부터 말하자면 미트패커와 브런치 카페 모두 채 1년도 지키지 못하고 간판을 내렸다. 첫 사업에서 번 많은 돈을 이곳에서 잃었다.

미트패커는 스테이크의 대중화를 콘셉트로 김 대표가 야침차게 내놓은 브랜드였다. 김 대표의 생각은 이랬다. 스테이크라는 메뉴는 연인들이 즐겨먹는 프렌치 스타일의 요리라는 인식이 팽배하다. 그러나 많은 한국인들이 육류를 좋아하지 않던가. 스테이크를 고급 요리가 아닌 김치찌개와 같은 서민 음식으로 포지셔닝을 하면 승산이 있다고 봤다. 스테이크는 누구나 좋아하지만 가격이 비싸서 먹지 못하는 수요가 있다고 본 것이다.

이를 실행에 옮겼다. 스테이크 질을 최고급에 맞췄다. 호텔 레스트랑에서 파는 수준의 고기들을 납품 받았다. 그리고 이를 그들의 절반 이하 가격에 판매했다. 결과는 참담했다. 손님이 있는데도, 테이블이 차 있는데도 매달 천만 원 이상 적자가 났다. 앞으로 잘되고 뒤로는 엄청나게 적자가 나는 실속 없는 가게였다.

주변 상인들은 장사 잘되는 점포로 알고 있었다. 김 대표의 타들어가는 속은 알지도 못한 채.

김 대표는 1년 만에 점포를 접고 철저하게 자신의 실패를 인정하고 반성했다. 실패 이유는 두말할 필요도 없이 자신의 자만심이었다. 운이 좋아 성공한 첫 사업을 토대로 세상을, 장사를 너무 쉽게 생각했던 것이 주요 원인이었다.

브런치 카페 역시 오래가지 못했다. 홍대 전체를 브런치 카페의

장으로 만들 것 같았던 언론과 대중의 기호가 식는 데는 채 1년이란 시간이 걸리지 않았다. 진짜 개성이 있는 실력 있는 집들만이 살아남았다.

"지금 생각해보면 정말 아무것도 모를 때였죠. 점포 경영의 디테일함도 많이 부족했고요. 내가 하면 다 된다고, 말도 안 되는 시건방진 생각을 했던 시절이었습니다."

일본 벤또를 찾아서

결국 첫 성공 뒤에 온 시련과 고통은 참기 힘들 만큼 괴로웠다. 결과를 받아들이고 인정하는 데도 꽤나 많은 시간이 걸렸다. 그러나 결과는 명확했다. 자신의 능력과 한계를 확실히 알게 됐다. 지금 되돌아보면 인생에 있어 정말 귀중한 자산을 얻은 것이다. 이후 자신만의 확고한 원칙을 정리하려 노력했고 속칭 트렌드나 남들을 무분별하게 따라 하는 일은 경계하게 되었다. 물론 막연히 잘될 것이란 기대감도 사라지게 되었다. 사업은 희망만으로 되는 것이 아니었다.

코코로벤또는 이 두 번의 사업 실패로 힘든 시기를 견딘 후 내놓은 야심작이다.

 사실 당시 선택의 폭이 현실적으로 그리 넓지는 않았다. 두 번의 사업 실패로 금전적인 압박도 많았고. 매장 역시 홍대 외에 다른 대안이 없었다. 시도했다 망한 가게 터, 그 가게의 임대차 계약이 여전히 남아 있었다.

 그는 캐주얼 일식을 눈여겨 보고 있었고 또 하고 싶었다. 그러나 바로 실행에 옮기기에는 한계가 많았다. 특히 앞서 두 번의 실패로 쓴맛을 봤고 또 그 경험이 여러 가지를 조심스럽게 만들기도 했다. 물론 좋은 의미에서다. 비록 실패했지만 두 번의 경험을 통해 많은 것들을 알게 되었고 이를 토대로 생각할 수 있는 힘을 기를 수 있었다.

 우선 기본적으로 강점이었던 색다른 메뉴, 그리고 속칭 홍대 스타일의 쿨한 디스플레이는 지켜야 할 것들이었다. 그간의 경험을 통해 홍대 상권의 특성을 인지하고 있었다. 값비싼 음식은 먹히지 않으니 가격대도 적정히 정할 수 있었다. 문제는 메뉴였다.

 일식은 일식인데, 어떤 일식을 해야 할까? 대중 일식의 흐름에는 초창기 우동이 있었고, 그다음 스시가 유행했고, 해산물 뷔페가 유행했고, 그리고 라멘, 돈부리…… 앞선 실패를 답습하긴 싫었다. 고민을 거듭하다 떠올린 것이 대중 일식 중 대표라 할 수 있는 벤

또, 이 단어가 머릿속에 들어왔다. 일본은 벤또가 발달돼 있고 하나의 문화이기도 했다.

김 대표는 참고할 수 있는 수천 장의 사진을 보다가 모티브가 되는 이미지를 발견했다. 그렇게 발전시키고 발전시켜 지금의 매장까지 왔다. 큰 그림이 그려진 후 구체적인 요리는 정통 일식 요리사와 논의 끝에 결정했다. 김 대표는 비주얼적인 부분과 매장 콘셉트를 잡는 데 많은 공을 들였다.

"대중일식! 가격은 홍대 상권에 맞게! 단 요리도 매장도 화려한 느낌으로! 확실한 색깔을 만들고 경험을 토대로 한 상권에 맞는 메뉴와 디스플레이어를 내놓으니 고객층이 우리를 찾았습니다. 대중일식이 콘셉트니까 많이 담아주고 화려하게 하되 가격은 힙리적으로 하자고 했어요. 1만 원 정도 점심을 먹겠다는 사람에게는 어필이 될 수 있었습니다."

나는 요리 못하는 음식점 사장

인기 식당을 운영하는 김 대표의 요리 실력은 어느 정도일까.

"저는 레스토랑의 스페셜리스트라고 대답할 자신이 없습니다.

스스로 칭하기를 '레스토랑맨'이라고 하죠."

 김 대표는 요리보다는 공간이라는 관점에서 레스토랑을 바라본다.

 "음식, 당연히 맛이 있어야겠죠. 그런데 뭐랄까요. 평균 이상 정도만 된다면, 전 그다음엔 공간에 대한 인식 싸움이란 생각을 해요. 엘쁠라또! 전 이 레스토랑을 스페인음식 공간이라 정의합니다. 스페인요리라는 새로움을 소비하기 위해 고객들은 이 장소를 찾는 거죠. 비단 음식뿐이 아니란 생각입니다. 코코로벤또! 이 역시 동일합니다. 일본식 도시락을 먹는 공간입니다. 즉 새로움, 개성이라는 콘셉트를 요리와 공간으로 풀어낸 겁니다. 저희 식당을 찾아주시는 고객들은 이를 전체적으로 소비해주고 계신 거고요."

 물론 두 식당의 주방에는 화려한 경력의 전문조리사들이 포진해 있다. 비전문가가 균일화된 시스템을 통해 간단히 만들어내는 것이 아닌, 각각의 재료에 노하우를 담아 고객에게 제공한다. 그러나 김 대표는 철저히 기획자로 포지셔닝을 하고 있다.

 사실 음식점에서 주방장의 힘은 막강하다. 메인 상품을 만들기 때문에 주방장만큼 요리를 하지 못하는 사장은 주방장을 의식하지 않을 수 없다.

 "음식 장사를 한다고 하면 많이 받는 질문이 결국 음식점은 주방 의존도가 심한 직종인데 어떻게 요리도 스스로 하지 못하면서 다양한 요리의 레스토랑을 하느냐는 것입니다. 물론 힘들 때가 많이 있습니다. 소통하는 데도 어려운 때가 있고요. 그러나 이 역시 삶 속에 있는 힘듦의 종류 중 하나일 뿐이라고 생각해요. 주방사람 다루기 힘들다는 이유로 레스토랑을 못하면 이 세상의 모든 레스토랑은 주방장만 해야 한다는 소리잖아요."

일요일에 노는 미친 음식점을 꿈꾸며

많은 사람들은 김 대표를 보면서 외식의 새로움이란 키워드를 떠올린다. 한국에 사실상 처음 소개한 스페인요리도 그렇고 일본 벤또 역시 그렇기 때문이다. 그러나 그가 생각하는 골목상권 챔피언의 필수요소에는 새로움 이상의 것이 있었다.

"기발함의 싸움에는 한계가 있습니다. 기발함은 모방이 가능하고 또 그 기발하고 새로운 것들은 시간이 지나면 식상하고 오래된 것으로 변화하기 때문입니다. 그보다 더욱 본질적인 것이 있습니다. 버티기 즉 지구력 싸움이죠. 오래 살아남는 자가 결국 승리를 가져가는 구조라고 볼 수 있습니다."

그럼 오래 버티기 위한 필수요소는 무엇일까? 그는 단연 동료라고 주장한다.

"결국은 사람인 거죠. 버티기 위해서 나와 함께해줄 사람들이 필요합니다."

김 대표는 함께 일하는 동료들을 위해 장사가 잘되는 일요일 휴무를 선택했다.

"외식업에 종사하는 이들 중에서 일요일에 쉬는 사람은 사실 많지 않습니다. 이쪽 전문가들은 저보고 미쳤다 하는 사람도 많습니다. 그렇지만 전 이 점에서 제 스스로 매우 큰 자부심을 갖고 있습니다."

일요일 휴식의 달콤함은 컸다. 그리고 그 결과는 그가 생각한 이상으로 그에게 돌아오고 있다. 직원들의 팀워크가 살아났다. 주 7일 영업을 하면 직원들이 순번을 정하고 업무를 돌아야 해서 서로 얼굴을 못 보는 경우도 생겼지만 직원들의 업무시간이 규칙적이 되면서 더욱 가까워졌기 때문이다.

김 대표는 사장으로서 매출보다는 직원의 복지를 선택했고, 지금까지는 성공했다는 평가다. 직원들의 이직률도 상당히 낮다.

결국 욕심을 줄이는 것도 성공을 위한 열쇠라고 김 대표는 지적했다.

"장사는 마라톤과 같습니다. 끝을 두지 않고 계속해서 달려야 하죠. 스스로 그만두는 순간 끝이 납니다."

목표의 끝을 설정해놓으면 달성 시점에 이르러서는 나태해질 수 있다는 얘기다. 그래서 항상 목표를 달성하면 새로운 과녁을 설정해놓아야 한다는 게 김 대표의 말이다.

4장
거인의 심장을 훔치다

뭔가 색다른 아이템, 세상에 없는 그 무엇을 찾다 보면 막상 너무 막막해지는 것이 현실이다. 없는 것이 없는 정말 빈틈없는 세상이란 생각이 드는 요즘, 빈 공간을 찾다 보면 가끔은 그 안에서 세상을 따라가지 못하는 너무나도 뒤쳐진 나를 발견하고 좌절하곤 한다.

그러나 모두가 스티브 잡스도 아니며 아이팟을 개발할 필요도 없을 뿐더러 그리 될 수도 없다. 그럼 어떻게? 훔쳐라! 과감하게. 내가 만났던 많은 챔피언들의 특징 중 하나는 거인의 핵심을 모방하고 거기에 자신의 것 하나를 더해 성공한 사례가 많았다. 여기서 중요한 것은 양심의 가책을 느끼지 말 것. 말이 모방이지 사실상 인간의 창조는 모두가 모방에서 비롯되지 않았던가. 사실 내가 모방한 그 거인들의 그것도 결국 그 뿌리는 또 누군가의 모방에서 비롯되지 않았던가.

또 하나 중요한 것은 트렌드의 덫이다. 유행만 쫓다가는 닭 쫓던 개 신세로 전락하는 수가 있다. 그런 브랜드들을 우리는 수없이 봐왔다. 전국을 집어삼킬 것 같았다가 어느 순간 사라져버렸던 숱한 아이템들과 브랜드들을. 중요한 것은 유행이 아니라 본질에 집중하는 것이다. 돈이 아닌 고객과 고객의 행복 그리고 자기 자신과 자신의 행복이 중심에 자리 잡고 있어야 한다.

이번 장에서는 '펠앤콜'과 '브루클린 더 버거 조인트'란 브랜드를 소개하려 한다. 두 가게 모두 해외에서 이미 성황을 이루고 있는 가게의 콘셉트를 모방하고 거기에 자신만의 특성화된 색깔을 더해 성공한 사례들이다.

샌프란시스코의 단골가게

펠앤콜에 들어서면 마치 미국 대도시의 여행 중에 그 화려한 색과 향과 모양에 끌려 한 번쯤 끌려들어가 맛봤을 듯한 그런 아이스크림이 떠오른다. 펠앤콜은 샌프란시스코의 한 수제 아이스크림집의 콘셉트에 그 뿌리가 있다. 이 가게의 사장인 최호준 사장은 자신이 샌프란시스코에서 유학하던 시절 열심히 다녔던 바로 그 아이스크림 가게에서 아이디어를 떠올렸고 실행시켰다.

사실 펠앤콜의 탄생은 우연을 가장한 운명에 가까웠다. 대학원 수업 중에 사업계획서를 제출하는 과정이 있었다. 최 사장은 샌프란시스코의 펠 거리와 콜 거리가 만나는 상권에 있는 자신의 단골 수제 아이스크림 가게를 떠올렸다. (펠앤콜은 샌프란시스코의 두 거리 이름을 합쳐 만든 것이다.)

"샌프란시스코에 있을 때 정말 이 아이스크림에 미쳐 있었어요. 정말 먹기도 많이 먹었죠. 제가 가게에 가져다준 돈도 꽤 될 거예요. 너무 맛이 있으니까. 그 어느 곳에서도 느껴보지 못한 맛이었어요. 막연하게나마 이걸 어딘가에서 팔아보면 어떨까란 생각은 있었지요. 그런데 마침 클래스 중에 사업계획 리포트가 있었습니다. 그래서 기회다 싶어 연습한다 생각하고 정말 열심히 조사하고 정리해봤죠."

최 사장이 당시 결론 낸 샌프란시스코 아이스크림의 장점은 '탄탄한 기본기'였다. 각 재료의 맛이 그대로 입 안에 전해질 수 있도록 정직한 재료로 사용하고 쓸데없는 기교를 부리지 않는다는 것이었다.

"디저트라는 개념으로만 아이스크림을 보는 게 아니라 음식이라고 생각해봤을 때 '어떻게 이런 재료로 아이스크림을 만들 수 있을까' 하는 것이 샌프란시스코 스타일인 거 같았어요. 너무 놀랐죠.

미국에도 베스킨라빈스 31과 같은 대기업 프랜차이즈 아이스크림이 있지만 이들과는 감히 상상조차 할 수 없을 만큼 특별한 메뉴와 맛들이 있었으니까요."

그렇게 그들의 전략을 그대로 가져온 첫째 원칙이 "펠앤콜은 기본적으로 인공색소와 감미료 등 천연재료가 아닌 것은 절대 아이스크림 재료로 사용하지 않는다"이다. 일반적으로 아이스크림 가게들이 눈에 띄는 색감을 내기 위해 색소를 많이 쓰지만 펠앤콜은 원재료에서 나오는 색깔을 그대로 유지한다.

두 번째 원칙은 "아이스크림에 첨가하는 과일은 식자재 업체가 제조공장에서 과일을 갈아서 설탕과 함께 농축해 파는 인공 퓨레를 사용하지 않는다"이다. 사실 퓨레를 쓰면 과일 원물을 쓰는 것보다 비용을 최소한 25% 이상, 최대는 90%까지도 아낄 수 있다. 그렇기 때문에 대기업 프랜차이즈 가게든, 동네 소형 가게든 수제 아이스크림이라고 하는 가게들 대부분은 이 냉동 퓨레를 쓰는 게 현실이다. 하지만 최 사장의 생각은 달랐다. 먹는 것만큼은 정직하게, 내 아들딸에게 먹여도 부끄럽지 않게 당당하게 하자는 것이 그의 장사 철학이었다.

천연 재료를 안 쓰면서 천연 아이스크림을 표방할 수는 없는 노릇이었다. 손님을 속이고 싶지 않았다. 최 사장은 모든 재료를 다 직접 구매하고 직접 손질한다. "퓌레를 쓰면 당도 조절도 힘들고 시럽 맛이 더 강하게 나기 때문에 원재료 맛이 살아나기 힘들어요. 감각이 있는 손님들도 그래서 퓌레 맛을 다 알아채십니다."

원물을 그대로 쓰다 보니 아이스크림 가격은 다소 비싼 편이다. 그래도 펠앤콜엔 단골이 많다. 손님도 펠앤콜의 아이스크림이 비싼 만큼 좋은 재료를 쓴다는 것을 느낄 수 있기 때문이다. 비싼 돈을 지불하고 먹을 만한 아이스크림이라는 공감대가 형성된 것이다.

최 사장은 이렇게 말했다. "아이스크림 맛과 재료의 가격을 타협하기 싫었어요. 아이스크림을 값싸면서도 보기 좋게 만드는 것은 쉬워요. 우유 대신 탈지 분유 쓰고, 유기농 시럽 대신 인공 감미료 쓰면 되는 거죠. 근데 천연재료보다 인공색소 쓰면 색깔은 보기 좋지만 맛은 그렇지가 않아요. 혹자들은 맛보다 음식 모양이나 가게 인테리어 등 외적인 것에 더 관심을 두는 것 같습니다. 음식을 먹으러 오는 손님들이 눈으로 가게 분위기를 즐기고 음식 사진을 찍으면서 시각적으로 즐기기 때문이죠. 하지만 중요한 것은 음식의 맛이죠. 앞으로는 맛이 중요해지는 문화가 생길 것입니다."

그는 그렇게 자신이 미국에서 맛봤던, 자신과 손님의 발길을 이끌었던 그 원칙들을 그대로 들여와 활용하고 지켜냈다.

들어는 봤는가? 깻잎 아이스크림

그러나 그들이 진정한 골목상권 챔피언이 될 수 있었던 건 롤모델을 완벽히 벤치마킹한 것 뿐 아니라 자신들만의 색깔을 더했기 때문이다. 펠앤콜에는 깻잎과 산초 등 다분히 한국적인 색깔을 갖고 있는 독특한 메뉴들이 있다. 그뿐만이 아니다. 프랑스 발로나 초코렛, 마다가스카르산 바닐라빈, 꼬냑, 논산 딸기, 신안 천일염 등의 최고급 재료로 기본기에 충실하게 만들어낸 아이스크림들을 메뉴로 선보였고 결국 이러한 노력들이 아이스크림 애호가들에게 입소문이 나며 오늘의 펠앤콜을 만들었다.

천연의 재료만 고집하는 펠앤콜은 시즌별로 제철 과일과 유기농 농산물로 만든 특별 메뉴를 선보이며 2011년 7월 23일 개점이래 170가지가 넘는 다양한 맛으로 끊임없이 미각적 호기심을 충족하는 창의적인 아이스크림을 만들고 있다.

이런 메뉴들은 다 어떻게 생각한 것일까? 기본적인 아이디어는 샌프란시스코에서 얻어왔다. 그러나 이를 바탕으로 일부는 발상의 전환을 통해 새로운 맛을 재현해냈다. 예를 들면 깻잎 아이스크림의 경우 미국에 있는 바질 아이스크림을 만들려다가 나온 메뉴다. "미국은 바질로 만든 아이스크림이 많은데 한국은 바질이 비싸서 아이스크림으로 만들기는 어려웠어요. 무엇으로 대체를 할까 하다가 인터넷에서 한국의 한 요리사가 페스토 소스를 바질 대신 깻잎으로 만들었다는 것을 봤죠. 생각의 전환이구나 싶었어요. 저도 할 수 있겠다는 생각이 딱 들더라고요."

시장 반응은 뜨거웠다. 깻잎 아이스크림은 펠앤콜의 대표 메뉴가 됐다. '6시 내고향'이라는 메뉴도 마찬가지다. 검은깨를 재료로 쓴 아이스크림은 많은데 무엇인가 다른 차별화된 검은깨 아이스크림을 만들기 위해 여러 재료를 조합해보던 중에 단팥과 조화를 이루게 됐다. "단팥과 어울리는 아이스크림이 무엇일까 고민하다가 선식 형태로 한번 만들어보자고 생각했어요. 그래서 검은깨, 검은

콩, 흑미, 다시마를 섞어봤죠. 맛이 너무 좋았어요. 이름을 어떻게 지을까 하다가 아이스크림에서 고향 생각이 난다 해서 '6시 내고향'으로 명명했죠."

그 외에도 막걸리 아이스크림에 그들만의 색깔을 더해 막걸리와 커피를 섞었던 자바더막, 또 견과류를 막걸리에 가미시켰던 아이스크림 등은 이젠 펠앤콜의 베스트 상품들이 되었다.

가게가 크지 않다 보니 손님이 원하는 메뉴를 바로 만들어주는 신속성도 눈에 띄는 점이다.

"어느 날 강남의 한 매장에서 손님들이 다 복잡하다며 그냥 딸기 아이스크림 찾으시는데 우린 딸기만 들어간 아이스크림 메뉴는 없었어요. 그래도 그 고객을 위한 아이스크림을 즉석에서 만들어 드렸죠. 그러곤 그 아이스크림을 조금 더 개발해 딸기샤베트를 만들었어요. 이게 바로 저희 매장 베스트 상품 중 하나인 '강남딸기 아이스크림'이에요."

돈을 꿔주는 단골

그는 이런 특이한 메뉴들을 바탕으로 고객들과 스토리를 만들어간다.

"손님이 하루는 '6시 내고향'이란 메뉴를 주문하시더라고요. 그래서 저도 좀 더 향토적인 느낌으로 이 아이스크림의 깨를 어디서 가져와서 어떻게 조리했고 뭐 이런 시시콜콜한 이야기들을 나눠봤어요. 반응이 좋더라고요. 그래서 계속했죠."

이젠 메뉴를 소재로 하는 손님들과의 대화는 그의 일상이자 가게의 트레이드 마크가 되었다.

"그러다 보니 손님들의 얼굴이 좀 더 잘 기억되더라고요. 본의 아니게 손님 얼굴 기억하는 친절한 사장님이 된 거죠. 얼굴을 보면 그때 이야기했던 메뉴 이야기가 떠오르고. 그러다 보면 자연스레 그 손님이 무엇을 사 갔는지, 얼마나 자주 오는지 뭐 이런 것들이 떠오르더라고요."

젊은 사장답게 이렇게 인연을 쌓은 단골 손님과는 페이스북과 트위터 등을 통해 친구가 되어 끊임없이 그리고 허물없이 소통하려 노력한다.

"아이스크림이라는 매개체를 중심으로 작은 커뮤니티를 만들어보고 싶었어요. 우리 가게 단골은 부르는 이름이 따로 있어요. 바로 펠앤콜쟁이라고 해요. 정말 골수 팬들은 50분 내외 정도예요. 일주일에 2~3번은 꼭 가게에 오시죠. 어떤 분은 한 번 올 때마다 냉장

고를 꽉꽉 채워넣을 만큼 구매해 가세요."

단골 손님 중에서 개인적인 친분을 쌓은 분들도 많다. 맛집 탐방 모임도 갖고 있다. "단골 손님 중 말이 잘 통하는 사람들끼리 주기적으로 모여서 음식을 먹으러 다녀요. 계산은 나눠서 하고요."

서교동에서 상수동으로 가게를 옮길 때 단골 손님의 도움이 큰 힘이 됐다. 상수동 가게 임대차 계약을 끝내고 내부 인테리어 공사를 진행하다가 사기를 당했다. 돈을 잃고 난감한 상황이 됐다. 가게 재오픈을 기다리던 단골 손님들이 평소처럼 진행상황을 물어왔다. 사기를 당한 사실을 어렵게 입 밖으로 꺼냈다. 이 소식을 접한 단골 손님 중 한 분이 선뜻 돈을 빌려줬다. 공사를 다시 하라는 것이었다. 이자는 받지 않겠다고 했다. 최 사장은 은행이자만큼 이자를 더해서 원금을 갚아나가고 있다.

"펠앤콜은 이제 저 혼자만의 가게라기보다는 펠앤콜의 아이스크림을 좋아하는 분들이 모두 함께 공유하는 가게란 생각입니다. 그런 생각을 유지해가고 발전시켜가는 것이 제 꿈이에요."

그래서 펠앤콜은 신메뉴를 사장 혼자 독단적으로 결정하지 않는다. 신메뉴가 나오면 가장 먼저 단골손님을 부른다. 맛을 평가해 달라는 시식회를 단골과 함께하는 것이다. 주부 평가단 등을 고용해서 형식적인 평가를 받는 거인들과의 경쟁은 이 소소함에서부터

차이가 날 수밖에 없다. 돈까지 꿔줄 수 있는 그런 50명의 단골손님이 평가하는 날카롭고도 진정성이 담긴 평가를 받은 신메뉴가 시장에서 어찌 잘 안 팔리겠는가?

"깻잎 아이스크림을 처음 만들었을 때는 긴가민가했어요. 저도 생소한 맛이라서요. 그런데 시식회에서 너무들 좋아했어요. 그래서 자신을 갖고, 그들을 믿고 시판을 하게 됐죠. 앞서 말씀드린 것과 같이 결과는 대성공이었고요."

펠앤콜은 총 170개 이상 메뉴가 있지만 제철에 맞게 메뉴를 구성해 운영한다. 상수동 가게는 하루에 10개 맛, 갤러리아 명품관은 12개 메뉴만 판다. 준비된 메뉴가 완판이 되어도 다시 채워지지는 않는다. 예비로 준비해놓은 새로운 메뉴가 추가 된다. "저희는 대량생산을 하지 않고 그때 그때 만들어서 신선하게 먹는 게 원칙이에요. 한 번 만들어도 1주일에 다 소진될 정도만 만들어요."

단골 손님 중 음식 장사를 하는 분들도 있다. 그분들의 음식이 가게 메뉴가 되기도 한다. 연남동의 착한커피 커피리브레와 올리버스윗케이크가 대표적이다. "장사를 하면서 알게 된 사장님들이에요. 커피리브레는 샌프란시스코에서 먹던 커피에 뒤지지 않는 맛이라서 함께 팔게 됐고요. 올리버스윗케익은 단골 손님 중 한 명이 여기 아이스크림과 디저트로 어울리는데 한번 만나보라고 해서 만났다가 정말 친한 친구가 됐고요. 두 제품은 기본에 충실하면서 너무 맛있어서, 자신 있게 내 가게에서도 소개해도 되겠다 싶었어요."

샌프란시스코의 단골집 아이스크림 가게에서 시작된 바로 그 아이스크림 가게가 이를 바탕으로 자신만의 색깔이 더해진 메뉴들을 만들고, 거기에 사장의 열정과 고객들의 마음들이 더해져 오늘의 펠앤콜이 되었다. 누가 이들을 감히 복제품이라 칭할 수 있으며 또 어떤 거인이 이들을 두려워하지 않을 수 있겠는가? 그렇게 오늘도 최 대표와 펠앤콜을 사랑하는 고객들은 함께 진화 중이다.

후미진 골목 한 귀퉁이에서

　맥도날드, 버거킹, 롯데리아와 같은 햄버거 시장의 절대강자들 그리고 최근 새롭게 등장한 수제버거 체인점 크라제 버거까지. 이들의 틈바구니에서 떠오르는 골목상권 버거 브랜드를 키워가는 이가 있다. 브루클린 더 버거 조인트의 박현 사장. 그는 서래마을 귀퉁이의 작은 버거가게에서 시작해 현재는 삼성동과 갤러리아 백화점 내 매장까지 3개의 매장을 운영하는 햄버거 가게 사장이다.

　시작은 정말 보잘것없었다. 서래마을 메인 상권과 한참 떨어진 후미진 골목의 작은 점포(17평, 테라스 포함)를 냈다. 많은 사람들이 걱정했다.

　"이렇게 후미진 곳까지 사람들이 찾아나 오겠어요? 찾아오는 건 둘째 치고 여기 있는지도 모르겠네."

　그럴 법도 한 것이 이곳은 원래 상업지역도 아닌 주택가였다.

서래마을 상권이 확장되면서 주변에 술집이나 음식점이 조금씩 생겨나는 곳이긴 했지만 여전히 주요 상권과는 멀어도 아주 먼 장소였다. 유일한 장점은 싼 월세에 권리금이 없다는 것이었다.

그러나 브루클린 더 버거 조인트의 박현 사장은 이곳을 누구보다 잘 알고 있었다. 어려서부터 이곳에서 자랐기 때문에 이 지역에 대해 훤했다. 비록 권리금도 없는 장사 안 되는 터였지만 그는 확신이 있었다.

"조금 느릴 순 있겠지만 제가 만드는 음식에 자신이 있었습니다. 그리고 상권 특성상 한번 찾아와 맛이 있다 느끼면 또 다시 오는 그런 잠재적 단골이 많은 상권이라 생각했습니다. 제가 살아온 동네고 제 친구며 제 부모님 친구들이며 상권과 상권 고객들의 특징을 누구보다 잘 알고 있었기에 자신이 있었습니다."

그는 권리금이 없는 가게를 얻은 대신 주방시설에는 돈을 아끼지 않았다. 남들이 보통 시작할 법한 권리금 크기의 돈을 주방시설과 사람에게 투자했다. 주변에서 그에게 미쳤다 이야기하는 이도 있었다.

"처음엔 그랬죠. 동네 후미진 곳에서 얼마나 햄버거를 팔겠다고 그렇게 주방에 돈을 처바르느냐는 사람도 있었습니다."

그러나 그는 진정 맛에 승부를 걸기로 작심했다. 손님들에게 진정성 있는 '맛'을 제공한다면 가게도 잘될 것이라고 봤다. 그리고 그의 예상은 적중했다. 브루클린 더 버거 조인트는 개점을 하고 얼마 지나지 않아 꽤 잘나가는 음식점이 됐다.

박 사장의 버거는 주말에는 하루에 800개 이상 팔리고 있다. 총 테이블이 20석에 불과한 이 가게에서 하루 800개의 버거가 팔린다면 꽉 찬 테이블이 40번이나 회전을 한다는 얘기다. 특히 고객들의 다수가 동네 주민들이기 때문에 이 숫자는 더욱 큰 의미를 가진다.

"정확한 고객을 선정하고 가게를 운영하는 것도 분명 좋은 전략이란 생각입니다. 전 비록 적은 수여도 제가 잘 아는 동네의 사람들은 내 가게의 손님들로 확실히 만들겠다는 목표로 이 가게의 터를 선정했고 또 그렇게 운영했습니다. 결과적으로 권리금조차 없던 주택가의 이 가게가 제겐 큰 장점이 된 것이죠."

실제 고객들의 옷차림만 봐도 이 가게가 얼마나 동네 중심적으로 운영되는지 볼 수 있다. 평일이든 주말이든 집에서 편하게 입던 옷 그대로 걸치고 와서 편하게 버거를 먹는 진정한 동네 주민 패션의 고객들을 이 가게에선 많이 찾아볼 수 있다.

"실제 저희 가게는 서래마을 상권으로는 좋지 않은 위치에 있지만 동네사람은 누구나 아는 길목에 있어요. 팔래스호텔 앞쪽 길은 항상 막히기 때문에 조달청 뒷골목으로 돌아서 들어오죠. 외지 사람은 잘 모르는 길이에요. 이 길의 끝자락에 우리 가게가 있죠. 동네 주민이 많이 지나다니는 길목에 가게가 있어서 자체 홍보가 많이 된 것 같아요."

서래마을 가게가 성공하자 어느 날 갤러리아백화점 직원이 찾아왔다. 갤러리아백화점 명품관 내 식품관인 고메이494에 입점을 시키고 싶다는 제안을 해온 것이다. 고메이494는 압구정동과 청담동의 여성 고객을 끌어들이기 위한 갤러리아백화점의 야심 프로젝트였다.

박 사장은 동네의 작은 가게를 운영하다가 백화점에 들어가는 게 부담스러워 처음에는 제안을 거절했다. 하지만 갤러리아백화점도 의지가 강했다. 그 직원은 이후로 3번이나 더 박 사장을 설득했다. 박 사장은 고민 끝에 고메이494에서 영업을 하기로 결정했다.

브루클린 더 버거 조인트는 현재(2013년 7월 기준) 고메이494 매장 중에서 두 번째로 매출이 잘 나오는 가게다. 두 가게가 성장가도를 달리자 박 사장은 서울 삼성동에도 가게를 하나 더 냈다. 봉은사 건너편의 골목이다. 이곳 역시 삼성동의 메인 상권과는 다소 거리가 떨어진 가장 나쁜 상권이다. 박 사장의 가게가 오픈하기 전에는 술집이 있었지만 그리 잘되지는 않았다. 이번에도 권리금을 최소화하면서 동네 주민들이 쉽게 찾을 수 있는 터를 선정했다.

햄버거에도 손맛을 담아서

그렇다면 그가 그리도 자신한 햄버거 맛의 비밀은 무엇일까? 브루클린 더 버거 조인트는 수제버거를 잘 만드는 가게라고 손님들에게 알려져 있다. 하지만 박 사장은 2011년 가게 문을 연 후 지금까지 자신이 만드는 햄버거를 한 번도 수제버거라고 소개한 적이 없다. 수제버거란 호칭은 손님들에 의해 불려진 것이다. 그러나 박 사장은 수제버거라는 표현을 좋아하지는 않는다.

"전 국내에서 불려지는 수제버거란 호칭이 매우 못마땅합니다. 크라제버거가 그 시발점이 된 것 같은데요. 사실 수제버거란 호칭은 새롭게 등장한 버거 브랜드들이 맥도날드나 버거킹과 같은 글로벌 패스트푸드 햄버거와 자신들의 차이점을 강조하기 위해 만들어낸 일종의 마케팅 용어란 생각입니다. 물론 손으로 만드는 작업이 많지만 버거를 기계로 굽는 과정이 있고요. 그 기준이 명확하질 않습니다. 사실 기준에 따라선 맥도날드나 버거킹의 햄버거도 수제버거라 말할 수 있거든요. 맥도날드도 손으로 만드는 작업이 있으니까요."

박 사장은 자신의 버거를 미국식 버거라고 표현했다. 그는 미국 뉴욕의 버거를 '있는 그대로' 한국에 들여오고 싶었다. 의류 무역상을 할 때 뉴욕에서 맛본 버거들이 너무 맛있었기 때문이다.

"그때 먹었던 그 버거들을 정말 그대로 한번 소개해보고 싶었습니다. 대략 2년 걸렸습니다. 그 버거를 한국으로 들여오는 데 들인 준비기간이. 가게를 열기 전에 미국 뉴욕 등 현지 버거가게를 진짜 많이 갔어요. 보름 정도 기간에 48끼니를 연속으로 버거만 먹을 정도였죠. 제가 꼭 가봐야 할 가게를 메모해놓고 지우면서 먹었어요. 맛과 가게의 장단점을 꼼꼼히 기록했습니다."

세밀하게 미국 버거를 탐구한 만큼 콘셉트도 확실히 잡았다. 바로 미국 오리지널 버거다. "미국 것을 최대한 그대로 해보자 싶었어요."

콘셉트는 오리지널 미국으로 잡았지만 막상 한국에 들여오니 다른 햄버거를 만드는 거인들을 상대하기에는 부족했다. 무엇보다 거인들이 앞세우고 있는 저렴한 가격과 푸짐한 양 그리고 빠른 요리시간은 따라잡을 수가 없었다. 그에 맞서면 백전백패라 생각했다.

"그렇게 고민에 고민을 거듭한 끝에 그가 깨우친 승부수는 '손맛'이었다. 그게 무엇이 되었든 요리는 결국 손맛이란 생각이 들더군요. 매일 같은 방식으로 만드는 표준화된 맥도날드 햄버거가 그것으로 큰 장점이 있지만 아울러 그것이 큰 단점이 된다는 생각을 하게 되었습니다. 사실 음식이란 것이 레시피는 정확히 정해놓곤 있지만 정성을 넣고 사람이 마음을 담아 만들다 보면 조금씩 맛이 달라요. 아르바이트생이 아닌 비싼 돈을 주고 모셔온 요리사들에 대한 예의이기도 했습니다. 요리잖아요. 저희 같은 집이 100번을 갔는데 100번 맛이 똑같다면 노벨상을 받아야죠. 맥도날드는 어디서 먹든 맛이 똑같죠. 같긴 같은데 결국 하향 평준화시킨 것이죠. 하향 평준화는 쉽습니다. 저희는 평균 이상의 맛을 내면서 균형을 맞추는 겁니다. 재료도 신선한 재료를 골라 쓰지만 어디 그 맛이 다 동일할 수 있겠습니까? 양파가 365일 맛이 다 똑같지 않습니다. 철에 따라 맛이 다르죠. 그럼 양파를 재료로 쓴 버거 맛도 철에 따라 조금 달라지겠죠?"

박 사장은 욕심을 부리지 않는다. 자신들의 능력만큼만 정직하게 장사를 하자는 생각 때문이다. 그래서 메뉴도 대기업이 운영하는 햄버거 브랜드와 다르게 단출하다.

"3년 동안 메뉴가 거의 안 바뀌었습니다. 빠진 것은 거의 없고 일부 추가만 됐죠. 쓸데없이 작은 가게가 신메뉴 개발한다고 힘 빼다간 지금 잘하고 있는 것도 소홀해질 수 있으니까요. 잘할 수 있는 것을 더욱 열심히 하자고 생각했습니다."

메뉴판도 음식에 대한 수식이 전혀 없다. 음식을 소개하는 데 유일하게 수식을 한 것은 메뉴 상단에 "패티는 매일 직접 갈아 만든 100% 쇠고기를 사용합니다"라는 글귀뿐이다. 손님이 어떤 고기로 패티를 쓰느냐고 워낙 많이 물어봐서 써넣은 것이란다.

"저희 가게는 메뉴가 담백해요. 손님에게 선택권을 준다고 생각하죠. 어떤 특별한 재료가 아닌 일반적인 재료니까 손님이 직접 선택하게 하는 것이죠. 흔한 치킨버거도 없고 오로지 소고기 버거만 팔고 있어요."

그 흔한 커피조차도 팔지 않는다.

"커피 메뉴를 넣으면 매출엔 조금 더 도움이 되겠지만 커피를 치열하게 연구할 여력도 없고 그렇다고 다른 커피숍들보다 맛있는 커피를 내놓을 자신도 없습니다. 그럼 해선 안 되는 거 아니겠어요?"

오히려 그런 시간과 노력을 버거에, 그리고 버거에 들어가는 재료 등에 투자한다. 신선한 재료는 박 사장의 자랑거리다.

"고기도 덩어리로 들여와서 매일매일 손으로 손질합니다. 본점은 규모가 작고, 삼성동도 매출 대비 규모가 작은 편인데 매일 들어오는 물건으로 매일 새로 만들 수밖에 없습니다. 2주치 고기 갈아서 냉동실에 넣어놓고 내놓고 쓰면 인건비 비용 등이 절감될 수도 있지만 그렇게 하고 싶지 않아요."

억대 연봉 주방장이 만드는 햄버거

서래마을 가게는 오전 11시 30분에 문을 열고 오후 9시 30분에 문을 닫는다. 하루 800개가 넘는 햄버거를 만들다 보니 주방에 있는 직원들은 10시간 동안 서서 한숨도 제대로 돌리지 못하고 버거를 만들어내는 경우가 많다. 박 사장은 이 직원들에게 보상을 확실하게 해준다. 3개 가게의 주방장들의 연봉은 억대다.

"아침에 출근한 직원은 조그마한 주방 공간 안에서 하루 종일 버거만 만들고 있는 것인데 얼마나 힘들겠어요? 제가 해줄 수 있는 일은 현재로서는 월급 많이 주는 일 외에 뭐가 그리 많겠어요? 제 능력이 허용하는 범위 내에선 최대한 많이 나누려 노력합니다."

실제로 막내에게도 일반 이탈리안 레스토랑 5년차보다 많은 급여를 주고 있다.

가게 직원이 자주 바뀌면 그 가게의 맛도 달라질 수 있다. 맛을 유지하기 위해서는 직원 관리를 잘하는 것이 중요하다. 식당의 직원들이 자주 바뀌는 이유는 돈 때문이다. 하루 10시간, 11시간씩 일하면서 최저 임금만 주는 경우가 태반이다. 최소한의 생활이 힘든 경우가 많다. 그렇다 보니 조금이라도 돈을 더 주는 곳으로 직장을 옮기는 것이다.

브루클린 더 버거 조인트의 직원들은 아직 그만둔 사람이 없다. 직원 중에는 박 사장의 지인들도 꽤 있다. 박 사장도 직원들과 함께 일을 한다.

"저는 원래 주방에 주로 있어요. 어느 식당이든 문제가 사장이 주방에 이끌려 가고 계산만 하는 경우에 발생하죠. 사장도 주방 일을 어느 정도 알아야 하고 주방도 가게 매출에 대해서 어느 정도 이해를 하고 있어야 잘나가는 메뉴를 신경 쓰는 전략도 쓸 수 있어요. 이게 분리되면 요리사는 요리만 하고 관리자는 관리만 하기 때문에 문제가 생기죠."

대기업 프랜차이즈는 주방과 경영이 분리돼 있는 경우가 많다. 본사 관리자들이 프랜차이즈 점포의 주방을 살펴보지 않기 때문이다. 실적으로 나타난 숫자만 들여다보고 장사가 잘되나 안 되나 체크하는 정도다. "분업화가 좋은 점도 있지만 작은 곳에서는 분업을 하지 않는 게 장점이 될 수 있습니다." 주방의 숙련도를 높이기 위해서 아르바이트 직원은 두지 않고 정직원만 둔다.

"주방은 다 직원만 일을 해요. 아르바이트 직원은 간단한 청소와 서빙을 하는 정도예요. 맥도날드 내부에서 햄버거 만드는 친구들이 받는 돈이 시급 5천 원쯤 되지요? 억대 연봉 주방장이 정성을 담아 만드는 햄버거와 비교가 되겠습니까? 그들이 받는 돈의 크기가 본질이 아니라 제대로 대우해주는 관계 속에서 그들이 담아낸 정성과 열정이 들어간 햄버거의 맛은 분명 차이가 있을 겁니다. 이걸 어떻게 그들이 따라 할 수 있겠어요? 이것이 거인이 따라 할 수 없는 햄버거가 나오고 손님과의 신뢰 관계가 쌓이는 이유 아니겠어요? 그리고 이것이 바로 우리만의 전략이자 승리 비법 중 하나입니다. 그들은 이런 우릴 절대 흉내 낼 수 없습니다."

5장

장사꾼를 넘어
장인의 마음으로

오뎅이 없는 오뎅식당

　대한민국 국민이라면 누구나 한 번쯤은 먹어봤을 부대찌개. 자연스레 부대찌개 하면 의정부란 명칭이 떠오른다. 의정부 부대찌개라는 고유 명사에 익숙하기 때문이다. 사실 의정부엔 부대찌개라는 골목도 만들어져 있다. 이 골목은 우리의 슬픈 역사와도 맞닿아 있다. 과거 의정부 미군 부대에서 미군을 상대로 일하던 업소 아가씨들이 새벽에 영업을 마치고 나와 허기를 채우던 그 골목이 부대찌개 골목의 시작이었다.

　바로 이 골목에서 처음 장사를 시작한 곳이 오뎅식당이다. 의정부 부대찌개의 원조인 셈이다. 원조 사장님을 수소문해서 찾았다. 79살의 허기숙 할머님이었다. 지금은 31살의 손자인 김민우 대표가 가게 경영을 맡고 있다.

　허기숙 할머니는 1962년 의정부에서 오뎅식당을 차렸다. 이젠 우리에겐 잘 알려진 부대찌개의 원조집, 그런데 이 집의 이름이 오뎅식당인 이유는 무엇이었을까?

할머니는 20대 젊은 시절 이곳에서 오뎅과 오뎅국물을 팔았다. 지금은 이 지역이 의정부 한복판이나 다름없는 곳이 됐지만 이전에는 양주군청 뒷골목의 촌이었다. 주변에는 미군기지가 있었다.

"1960년대 초반 미군을 상대하는 업소 아가씨들이 새벽에 영업을 마치고 나와서 이곳에서 오뎅을 먹고 국물을 마시면서 속을 달랬습니다. 분식을 파는 오뎅집에 단골이 된 아가씨들이 미군부대에서 나오는 쇠고기, 오리, 햄, 소시지, 양고기 등 각종 고기를 들고 왔죠."

김 대표의 할머니는 이 고기들을 다져서 양념한 뒤 냄비에 볶아서 술안주로 내놨다. 가격은 150원. 남자 손님 서너 명이 앉아서 대포와 이 안주로 허기를 달랬다.

제법 잘 팔리고 있는데, 한 손님이 밥을 먹을 수 있도록 국물을 넣어서 끓여달라고 주문했다. 일단 오뎅국물을 부어준 할머니는 제맛을 내기 위한 시도를 했다. 쇠고기와 햄을 넣었다가 돼지고기와 소시지를 조합해봤다. 국물도 여러 가지를 만들어 부었다. 신 김치도 넣고 라면도 넣어봤다.

"어렵고 배고팠던 시기였죠. 뭐 지금처럼 뭐든 게 넉넉했던 때가 아니었으니까요. 그저 맛있고 배불리 먹을 수 있으면 좋았던 시기였고. 특히 저희 집을 찾아왔던 손님들은 그중에서도 어렵고 힘든 사람들이었죠. 그런 손님들이 맛있고 배불리 먹는 모습이 좋았습니다. 그래서 이것저것 손님들 요구사항에 맞춰 시도한 것이 지금의 부대찌개 모양이 된 거죠."

연탄불에 끓이다 보니 눌어붙고 타서 솥뚜껑을 뒤집어서 끓였다. 그리고 약한 불에 천천히 가열했다. 이런 시행착오 끝에 찌개가 완성됐다. 그렇게 오뎅식당은 의정부 부대찌개의 원조라는 명성을 얻었다.

군부대에서 나온 고기로 끓였다고 해서 부르기 쉽게 "부대찌개"라는 이름이 붙었다. 일부 식자층은 존슨탕이라고도 한다.

만화가 허영만 씨가 이곳을 찾아본 뒤 『식객』 스토리를 만들었다는 것은 유명한 일화다. 허영만 씨는 『식객』 취재일기에 이렇게 적었다.

"의정부의 오뎅집에 가보기 전까지 나는 부대찌개를 좋아하지 않았다. 벌겋기만 한 국물은 얼큰하지도 개운하지도 않고, 남은 재료를 이것저것 집어넣어 끓인 잡탕 같다는 생각을 지울 수 없기 때문이었다. 하지만 그집 부대찌개를 맛본 순간 난 부대찌개와 사랑에 빠져버렸다. 경이로운 맛이었다."

할머니는 허씨가 방문한지도 몰랐다고 한다. 음식점 한편에는 만화『식객』의 삽화가 붙어 있다.

현재는 그의 손자인 김민우 대표가 가게 운영을 도맡아 하고 있지만 허 할머니도 여전히 식당을 지키고 계신다.

"할머니는 테이블에 앉은 손님들의 음식을 직접 끓여주고 불조절도 해주시고 여전히 식당 일을 열심히 하세요."

손님의 경조사까지 챙기는 사장

그런데 왜 아들이나 딸이 아닌 손자일까?

허 할머니는 가게를 아들이 아닌 손자 김민우 대표에게 넘겨줬다. 당시 김 대표 나이 27살이었다. 허 할머니는 일찌감치 김 대표를 후계자로 점찍어뒀다. 가족 중에서 가장 장사 체질에 맞는 인물이라는 판단에서다.

"글쎄, 장사꾼들 눈에만 보이는 그런 자질이랄까. 감각이 있었어요."

김 대표는 어릴 때 놀이터가 가게였다. 가게에서 노는 게 좋고 할머니와 함께 있는 게 행복이었다.

"제가 4~5살이었을 때 가게에서 아주머니들이 일을 안 하면 할머니가 힘들 게 일하는데 왜 손을 놓고 있냐고 하면서 일을 시켰대요."

고등학교 때는 아르바이트라는 명목 하에 가계승계 수업을 받기 시작했다.

"제가 고등학교 때 사회 경험을 쌓기 위해서 아르바이트를 해보겠다고 하니까 할머니가 아르바이트비를 두둑히 주겠다면서 다른 곳은 못 가게 하셨어요."

고등학교 때 그의 재능은 빛을 발했다.

붙임성 있는 성격으로 접객을 하면서 단골 손님은 늘어갔다. 장사를 마치고 정산하는 것도 빨랐다. 그 스스로도 자연스럽게 장사 체질임을 알게 됐다.

물론 그에게도 외도는 있었다. 그는 대학에서는 경영학을 전공했다.

"공부를 하다 보니 젊어서 그랬는지 옷이 그렇게 좋더라고요. 옷 장사를 기반으로 의류 사업을 한번 해보면 어떨까라는 막연한 생각을 했었습니다."

동대문에서 잠깐 장사를 해봤다. 성인 의류를 파는 친한 형의 가게를 도왔다. 겨우 2평 남짓한 가게에서 하루에 100만 원의 매상을 올렸다. 옆 가게보다 2배 많은 수준이었다. 당시 김 대표의 장사 수완이 워낙 좋다 보니 가게 사장인 친한 형은 그에게 가게 운영을 전적으로 위임할 정도였다. 월급도 당연히 더 많이 받았다. 당시 또래 친구들보다 50만 원가량을 더 받았다.

"그때 그렇게 잘했던 이유, 결국 지금 와서 보면 옷이 아니더라고요. 손님을 대하는 태도, 응대실력, 접객 능력이었습니다. 할머니가 제게 가게를 물려주신 이유도 어쩜 그 능력, 제 몸속에 내재되어 있는 그 능력을 높이 평가하셨던 게 아니었나라는 생각이 듭니다."

당시 그는 학생 손님이 오면 친한 동생 대하듯 정말 편하게 해줬다. 쇼핑을 오래한 손님이 갈증을 느끼는 것 같으면 자판기에서 음료수도 사다 줬다. 워낙 편하게 대해주다 보니 그를 따르는 손님들과 주변 상인들이 자연스럽게 많아졌다. 그렇게 손님을 끌어들이는 김 대표의 수완은 오뎅식당으로 이어졌다.

"햄 사리나 소시지 사리 주문하면 5천 원이 추가로 드는 데 단골손님이 오면 그냥 내줍니다."

음식 덤 서비스는 약과다. 그는 단골손님들의 경조사까지 챙긴다.

"단골 손님 중에선 제 결혼식에 와주신 고마운 분들이 많아요.

저도 단골손님 경조사가 있으면 참석하려고 하고요. 손님들과 가족처럼 지내요. 실은 제 이런 모습이 다 할머니 유전자예요. 할머니를 빼닮았죠. 할머니가 정이 정말 많으세요. 손님 얘기 잘 들어주고 항상 친절하셨죠. 그걸 보고 자라다 보니 자연스럽게 저도 몸에 밴 것 같아요."

김 대표는 그 진실한 마음으로 손님들의 마음을 사로잡고 있다.

"단골손님 중에서는 3대가 함께 오는 경우도 있어요. 1, 2대는 할머니와의 추억을 3대는 저와의 추억을 만들어가는 단골인 셈이죠. 너무 감사할 따름입니다."

음식장사의 독(毒)

좋은 열정과 욕심은 경영자로 하여금 계속해서 앞을 향해 나아가도록 하는 원동력이 된다. 본인이 조절할 수 있는 욕심이라면 말이다. 하지만 욕심이 지나치면 상황은 돌변하고 만다. 과욕을 부리다가 제대로 제어를 하지 못해 그동안 이룬 과업도 허사로 그르치는 이들을 우리는 주변에서 어렵지 않게 볼 수 있다. 그런 측면에서도 3대에 걸친 기간 동안 한 가게가 동일한 장소에서 살아남을 수 있다는 것(그것도 매우 훌륭하게)은 한 상점, 한 사업가의 성공 이상으로 눈여겨볼 만한 대목이다.

사실 김 대표가 오뎅식당을 물려받고 법인으로 전환한 뒤 사세는 급속도로 확장됐다. 그러나 김 대표는 결코 욕심을 부리지 않는다.

"가게 규모를 서둘러서 키워야겠다는 사장의 과욕이 가게의 몰락을 초래한 경우를 주변에서 수없이 목격했습니다. 항상 자신의 실력이나 형편에 맞춰서 사업을 전개해나가는 균형감각, 자기조절 능력이랄까요? 뭐 그런 게 성공하는 것 이상으로 중요하다고 생각합니다."

장사가 워낙 잘된다는 소문이 돌면서 김 대표 주변에는 체인점 문의부터 시작해서 웃돈을 더 줄 테니 백화점 매장을 자기 명의로 해달라는 사람도 있었다. 주변에서 검은 유혹들이 넘실댔다.

"할머니가 운영을 할 때도 주변에서 투자를 하겠다면서 찾아오는 유혹이 많았다고 해요. 할머니께선 묵묵히 뿌리쳐냈죠."

할머니의 가업을 이어받은 김 대표는 과욕에 사로잡혀 현명하지 못한 의사결정을 내리지 않기 위해 끊임없이 자신을 단속한다. 그 자신 스스로 되돌아보고 다양한 측면으로 스스로를 견제하는 것이다. 프랜차이즈 사업을 하면 가게 규모를 빨리 크게 늘릴 수 있지만 김 대표는 느리게 걷는 방법을 택했다.

"큰 욕심을 부리지 않고 제가 매장을 관리할 수 있는 선에서만 점포를 더 낼 생각이에요. 프랜차이즈 사업 생각을 안 해본 것은 아니지만 가맹점이 운영되는 과정을 보니 본점의 맛이 유지될 수가 없더라고요. 자기네 식당 놓고 체인점 놓고 하면 본점만 못하다는 말이 나오고 그럼 결국 본점도 타격을 받게 되죠. 맛을 지키기 위해서 직영으로만 운영할 거예요."

김 대표는 그런 이유로 식당 내에서 사장과 직원의 구분을 두지 않는다. 식당 내 직원과 한 팀으로 움직인다. 일을 시키는 사람과 따르는 사람이 따로 없다. 모두가 알아서 각자 자신이 맡은 업무를 한다. 아울러 김 대표는 멀티플레이어다. 주방, 서빙, 카운터, 주차 등 식당 내 모든 분야의 일을 다 한다. 사장이라고 해서 카운터에 앉아만 있지 않는다.

"가게 사장은 계산만 하고 손님하고 인사만 한다는 인식이 강한데 직원보다 사장이 더 열심히 일을 해야 합니다. 할머니도 일하는 사람보다 더 일을 많이 하셨죠. 가게에서 가장 열심히 일한 사람도 일을 가장 많이 한 사람도 할머니셨어요."

김 대표의 경우도 나이가 아직 젊은 데다 워낙 일을 열심히 하는 통에 손님들이 일 잘하는 직원으로 칭찬을 하는 경우도 있었다.

"한번은 백화점 매장이 너무 바빠서 지원을 나갔는데요. 백화점 판매 직원들이 밥을 먹다가 저를 보고 일을 너무 잘하는데 새로 왔느냐고 묻더라고요. 직원들이 사장이라고 얘기해서 상당히 놀라는 눈치였어요."

그가 이처럼 식당 일에 최선을 다하는 이유는 직원들에게 모범이 돼야 한다는 생각에서다. "단순한 지시로는 일이 되지 않습니다. 스스로 모두가 알아서 일하도록 해야 하죠. 그럼 배우고 따를 수 있는 일종의 멘토 같은 사람이 필요하고요. 그건 사장의 역할입니다. 그런 책임감을 느끼면 열심히 일하지 않으려 해도 그리 할 수 없습니다."

그렇다고 이런 김 대표를 일중독자처럼 생각하면 큰 오산이다.

"식당 일이 워낙 바쁘다 보니 직원들이 사장 눈치를 볼 겨를도 없이 일합니다. 직원들이 내색을 하지 않아도 그들이 피로에 지쳤다는 것을 미리 알아채고 간식도 챙겨주고 휴식을 취할 수 있게 해줘야 합니다. 그런 그들의 마음도 제가 그렇게 해봤기 때문에 알 수 있는 것이죠. 마음을 이해할 수 있는 것, 그게 중요한 것 같습니다."

직원들의 경조사 챙기기는 기본이다. 초과 근무를 하거나 실적이 너무 좋을 때는 보너스도 두둑하게 챙겨준다. 직원들이 사장에게 부담을 줄까 봐 말을 하지 않는 경조사도 참석할 수 있으면 하도록 한다.

"얼마 전에 직원의 남편 분이 양주에 있는 병원에 입원을 했어요. 저 혼자 병문안을 다녀왔죠. 그 직원은 제가 병문안 가는 줄 몰랐죠. 남편 분도 어떻게 알고 왔느냐면서 많이 놀라면서도 반가워 하시더라고요."

직원과 가족처럼 지내다 보니 이직률도 매우 낮다. 일반적인 식당에서 직원이 수시로 바뀌는 것과 대비된다. 오뎅식당 본점의 경우 20~25년 근무한 직원들이 꽤 있다.

"아주머니 때 일을 시작하신 분 중에 지금은 할머니가 된 분이 두 분 정도 계십니다."

가장 최근에 뽑은 신입 직원은 5년 전이다. 총 직원은 40명 정도다. 한번 직원이 되면 장수하는 덕에 새로운 직원을 뽑을 일이 적은 것이다. 결국 장수하는 가게의 철칙은 '사람'임을 보여주는 전형적인 식당이 이 오뎅식당이다.

Since 1945

    훌륭한 기업을 이룬 뛰어난 능력의 창업자가 죽은 후 그 후대의 후대에 걸쳐 그 기업이 창업자의 정신을 토대로 청출어람하며 발전해가는 게 얼마나 어려운지는 우리 주변에서 쉽게 찾아볼 수 있다. 기업이 100년 이상을 영속한다면 그 기업은 그 자체로 생명력을 갖춘 생명체라 보는 것이 옳을 수도 있다.

    이 책에서 소개할 마지막 골목상권 챔피언으로 이성당을 소개하는 이유도 그런 이유에서다. 성공은 물론 매우 어렵지만, 성공 이후 이를 지속적으로 생명력 있게 유지시켜나간다는 것은 그에 비할 수 없을 만큼 어려운 일이다. 그런데 이성당은 그걸 이룬 100년 전통의 빵집이다.

    한 자리에서 한 세기 동안 가게를 운영한다는 것은 그곳에 몸담고 있는 사람들에게는 대단한 로망이다. 단순히 살아남는 장수가게가 아니라 지속적인 성장을 거듭하는 위대한 100년의 업을 쌓는다면 스스로 자부심을 가질 만큼 대단한 일이 아닐 수 없다.

1945년 '이성당'을 시작한 사람은 고종사촌 간인 이석우 씨와 조천형 씨였다. 증권회사에 다니던 이석우 씨가 자본을 대고, 남원에서 농사를 짓던 조천형 씨가 빵집을 맡아서 운영했다. 돈을 댄이가 이석우 씨라 '이씨 성을 가진 사람이 하는 빵집'이란 뜻에서 '이성당'이란 이름이 붙었다.

조천형 씨는 현 대표인 김현주 씨의 시아버지다. 일본인이 북향으로 지어놓은 군산시청 앞 중심 상권에 자리 잡은 이성당은 군산 사람들이 입학식이나 졸업식이 끝나면 으레 들르고, 소풍 전날 과자와 빵을 사기 위해 찾는 곳이었다. 사실 이성당의 전신은 1920년대 한국으로 이주한 '히로야 야스타로'라는 일본인이 운영하던 '이즈모야'라는 제과점이었다. 가게 이름은 일본 시네마현의 '이즈모시'의 지명에서 이름을 따온 것이다. 이곳에서는 찹쌀과자의 일종인 아라레와 일본식 전통과자를 주로 팔았다.

1930년대 후반 일본 정부는 이즈모야를 군인들이 식사할 수 있는 식당으로 지정하기도 했다. 그러나 1945년 식민해방과 동시에 히로야 씨는 일본으로 돌아가야 했고 그가 남기고 간 자리에 이성당이 들어선 것이다.

이성당은 광복 이후(1945년)부터 지금까지 한 터에서 오랜 역사를 이뤄가고 있다. 이성당처럼 한 곳에서 100년 가까이 빵집을 운영한 곳은 찾아보기 힘들다. 서구에서 유입된 빵을 국내에 최초로 선보이고, 또 오랫동안 이어온 것은 흥미로운 사실이다.

　빵의 역사가 살아 숨 쉬는 곳, 그 이상의 가치를 이성당을 다녀온 사람들은 경험할 수 있다.

　이성당을 대표하는 빵은 앙금빵(1천 200원)과 야채빵(1천 400원), 블루빵(700~ 2천 500원)이다. 앙금빵은 얇은 빵 속에 팥소가 가득 들어 있는 것이 특징이다. 비싼 팥은 적게 넣는 보통 빵집의 팥빵과 다르다. 빵의 총 무게 130g 중 팥이 무려 90g이나 된다. 빵은 밀가루가 아닌 100% 쌀가루로 만들면서도 예전의 맛을 유지하고 있다. 너무 달지 않고 구수한 팥소도 일품이다. 야채빵은 가늘게 썬 양파, 당근 등 채소를 마요네즈에 버무려 넣어 오븐에 구워 만든다. 덕분에 대개 튀겨서 만드는 다른 빵집의 야채빵보다 덜 느끼한 맛을 낸다. 2006년 개발한 블루빵은 새로운 인기 상품. 버터, 우유, 달걀을 넣지 않고 쌀가루, 물, 소금, 약간의 설탕만으로 만들어 속이 불편해 빵을 잘 먹지 못하는 이들도 편안하게 먹을 수 있다.

앙금빵을 우습게 보는 이들에게

사실 지금의 이성당이 있게 만들어준 앙금빵은 제빵업계에서는 별로 높이 평가해주지 않는 제빵 기술이다. 화려하지 않고 평범한 빵이다 보니 누구나 쉽게 여기는 빵 중 하나라는 것이다.

하지만 김 대표는 이에 동의하지 않는다.

"가게를 운영하는 데 있어 무엇보다 중요한 것이 기본기가 탄탄해야 한다는 점이다. 제빵사들은 앙금빵을 기술이라고 생각하지 않아요. 그런데 사실은 많은 노력이 필요하죠. 앙금빵은 화려하지 않지만 기본에 충실해야 하기 때문에 진짜 어려운 메뉴일 수 있습니다."

수십 년 동안 한 우물을 파는 건 쉽지 않았다. 기본과 원칙을 고수하며 여기까지 오게 된 것이 이성당이다. 유명세를 타다 보니 비법을 알려달라고 찾아오는 사람도 적지 않다.

"일부러 찾아오는 분들에게 조리실 문을 걸어 닫을 필요는 없다"는 김 대표는 맛있게 빵 만드는 기술을 기꺼이 공개하고 있다.

"무엇을 하든 사람이 가장 큰 재산입니다. 세상은 혼자 살아갈 수 없으니까요. 손님도, 70여 명의 이성당 식구들도 모두 소중합니다. 빵 만드는 기술도 중요하지만 손님들을 존중하지 않았다면 이렇게 오래 빵집을 할 수 있었겠어요?"

이성당의 빵 가격은 몇 년째 동일하게 유지되고 있다. 장사의 기본은 맛과 서비스이기 때문이다. 서비스에는 제품 가격도 포함이 된다.

"수십 년째 단팥빵과 야채빵을 팔고 있지만 예나 지금이나 빵 안에 들어가는 소의 양을 줄인 적은 없어요. 물가가 올라도 마찬가지고요. 그게 지금의 맛을 지켜내는 비결이 아닐까 해요."

김 대표는 "우리 빵이 너무 유명해져서 서비스 차원에서라도 빵 값을 올리지 못해요"라며 웃어 보였다. 가격 인상 요인이 발생해도 손님의 비용으로 얹히지 않고 가게의 비용으로 가져간다.

"선물용 빵 패키지를 일본 베이커리 수준 이상으로 개발했어요. 대기업들은 비용이 상승하면 그걸 다 고객에게 전가하죠. 그런데 저는 좋은 상품을 내놓는다는 마음으로 상자 값을 따로 받지 않아요."

작은 일이지만 그것이 쌓이고 쌓이면 경쟁사인 프랜차이즈 빵집에서 하는 매뉴얼화된 서비스와는 다른 큰 차별성이 생기게 된다. 사람들은 경쟁력이나 차이점이라 하면 뭐 대단한 것으로 생각하지만 그 차이는 사실 아주 작은 것으로부터 시작되는 경우가 많다.

진심! 진심! 진심!

손님을 사로 잡는 법이라는 것이 특별히 있는 게 아니다.

"가게를 처음 열 때의 마음으로 돌아가서, 정말 마음에서 우러나오는 목소리로 손님에게 '어서 오세요!'라고 외칠 수 있는 진정성이 그 시작점입니다. 단 중요한 것은 진정한 마음이죠. 처음 가게를 열었을 때 나를 찾아주는 손님을 기억한다면, 그 마음 변치 않고 지킬 수만 있다면, 좋은 가게를 만들 수 있습니다. 그 반가운 상대를 향해 던졌던 한마디 '어서 오세요!'라는 그때 그 한마디는 단순하고 반복적인 '안녕하세요'나 '어세 오세오'와는 차원이 다릅니다. 그 말에 진짜가 숨어 있습니다."

그렇다. 접객은 테크닉이 아니다. 손님이 얼마나 기뻐할지를 요행이 아닌 진심으로 생각하고 있느냐가 중요하다. 이런 진심을 다하는 태도는 가게가 크고 작음의 문제와는 상관이 없다. 어쩌면 작은 가게일수록 이러한 진심을 보여줄 수 있는 환경이 더욱 유리할 수 있다. 그리고 이 간단한 말 한마디가 손님에게는 큰 감동이 될 수 있다.

시아버지의 원칙

 김 대표는 여전히 빵을 만드는 데 쓰는 재료는 철저하게 관리한다. 맛의 기본이 바로 재료에서 나오기 때문이다. 이는 김 대표의 시아버지가 세운 원칙이다. 그는 신선한 야채를 구하기 위해 먼 곳까지 찾아 다니고, 정육점에서도 제일 좋은 고기만 찾았다. 지금의 이성당은 이런 최고의 재료에서 시작되었다.

 1978년 시아버지가 갑자기 사고로 돌아가시면서 빵집을 떠맡게 된 시어머니에게 당시 스물두 살이던 남편 조성룡 씨는 튼튼한 버팀목이었다. 조성룡 씨는 "전통은 지키되, 시대에 맞춰 새로운 제품, 새로운 서비스를 계속 개발해야 한다"고 생각했다. 1980년대 들어 이성당은 서울에서 제빵 전문가를 데려와 다양한 빵과 과자, 케이크를 개발하고, 아침을 거르고 출근하는 직장인을 위해 '모닝서비스'를 시작했다. 조성룡 씨는 팥의 향을 잃지 않으면서 최적의 식감을 살려 팥 앙금 만드는 법을 연구한 끝에 팥 앙금 제조회사(대두식품)를 차렸다. 빵집은 오남례 씨와 김현주 씨 고부가 꾸렸다.

 이성당이 법인으로 전환하던 2003년, 김현주 씨가 시어머니로부터 빵집을 물려받았다. 군산시청이 신시가지로 옮겨가면서 군산의 상권이 이동해 손님이 줄던 때였다. 그는 젊은 고객층을 겨냥해

스파게티와 피자 등 식사 메뉴를 개발하고, 2006년부터는 100% 쌀가루로 만든 빵을 내놓기 시작했다. 남편이 개발해 '햇쌀마루'라는 브랜드로 내놓은 쌀가루를 공급받는데, 쌀빵 출시 후 매출이 계속 늘고 있다고 한다. 인공 향료는 전혀 쓰지 않고, 인공 색소 대신 과일 퓌레로 색을 내고, 이스트 대신 천연 효모로 발효하는 등 '건강 빵'을 지향한다는 것. 그런데 빵집 어디를 둘러봐도 이를 광고하는 문구는 찾을 수가 없다.

하루 정해진 수량만 팝니다!

이성당은 군산에서만 빵을 팔지만 손님은 전국 각지에서 모여들었다. 온라인에 가게 홈페이지 하나 없지만 이성당을 찾은 사람들이 블로그를 통해 입소문을 내면서 유명해졌다. 분점이나 프랜차이즈점도 두지 않았다. "아직은 똑같은 빵맛을 유지하며 프랜차이즈를 할 자신이 없어서"라고 한다. 그렇다고 과거에만 머물러 있는 빵집은 아니다. 김 대표는 "빵 만드는 기술자들이 시야를 넓히고 자기계발을 할 수 있도록 일본의 빵집으로 연수를 보내고 있다"고 말했다.

빵에 대한 소문이 나면서 주문은 폭주했다. 군산의 가게 앞에는 늘 빵을 사려는 사람들로 장사진을 이룬다. 하지만 이성당의 빵을 먹고 싶다고 모두가 먹을 수 있는 것은 아니다. 하루 빵 생산량이 제한돼 있기 때문이다. 수요가 늘어난 만큼 공급을 더 늘리면 되지 않을까 생각할 수 있다. 하지만 김 대표의 생각은 다르다. 다수의 고객이 빵을 먹는 것도 중요하지만 빵을 먹는 손님들이 최상의 맛을 볼 수 있는 상태를 유지하는 게 더 중요하다는 것이다.

이성당이 판매하는 빵은 200여 종이다. 그중 단연 돋보이는 메뉴는 앙금빵과 야채빵. 앙금빵은 1만 2천 500개, 야채빵은 4천 500개를 생산한다. 하루 24시간 풀 가동했을 때다. 재고로 남는 경우가 거의 없다. 야채빵은 앙금빵과는 달리 준비된 재료가 떨어지면 더 구워낼 수가 없어 빈손으로 돌아가는 손님들도 종종 있다.

생산하는 양은 제한돼 있고 수요는 늘어나니 어쩔 수 없이 1인당 구매 개수를 제한하고 있다. 앙금빵의 경우 주말에는 손님 1인당 구매할 수 있는 개수가 10개다. 빵을 사러 왔다가 오랫동안 줄을 선 손님에게는 다른 빵을 권해준다.

"빵을 먹겠다고 온 손님들이 바로 빵을 사지 못하고 대기 시간이 길어지면 고객에게 다른 빵을 줘요. 특히 날씨가 추운 겨울에는 더 신경을 쓰죠."

　2013년 4월 15일 이성당이 무대를 서울(롯데백화점 본점)로 잠깐 옮겨 일주일 간 특별 판매를 할 때도 마찬가지였다. 이성당이 온다는 소식은 삽시간에 퍼졌고, 백화점 지하 식품관에 문을 열자마자 긴 줄이 이어졌다. 그러나 긴 줄을 서고도 양껏 살 순 없었다. 인기 상품인 앙금빵은 1인당 5개, 야채빵은 3개로 한정 판매했다. 첫 날 매출액이 3천만 원이나 됐다.

　이성당은 현재 20년 넘은 제빵 경력자들을 포함해 직원 70명이 일하고 있다. 올해 매출은 60억 원을 넘어설 것으로 예상하고 있다.

　단일 매장으로 이토록 높은 수익을 내다 보니 분점이나 프랜차이즈의 유혹이 찾아오기 쉽지만 김 대표는 단호히 거절하고 있다.

"분점은 관리가 어려워요. 프랜차이즈도 감당할 자신이 없고요. 대신 요즘 동네빵집들이 다 어렵다고 하고 제과점 창업이 쉽지 않은데 성공적인 소규모 빵집의 모델이 될 만한 걸 만들어보고 싶은 생각은 있어요."

한 달에 두 번 쉬는 이유

이성당이 있는 곳에서 한 블록이 떨어진 곳에 파리바게뜨가 운영 중이다. 좀 더 영역을 넓히면 대기업 프랜차이즈는 아니어도 동네빵집들이 여러 곳에 있다.

이성당은 한 달에 두 번 쉰다. 문만 열어도 빵이 날개 돋친 듯 팔리지만 휴무일을 지키고 있다. 이유는 내가 아닌 주변에 있다. 이성당이 쉴 때 주변 빵집에 손님들이 몰리기 때문이다. 관광객은 허탕을 치겠지만 빵 실 수요자들은 다른 빵집의 빵으로 허기를 달래는 것이다. 이성당과 주변 빵집은 서로 경쟁관계를 형성하는 게 아니라 공생하는 것이다.

"우리가 쉴 때 근처 빵집에 손님이 많이 몰려요. 서로 같이 살 수 있으면 좋은 거죠."

군산에는 이성당 출신 빵집 사장들이 있다.

"우리 집 출신들이 빵집을 많이 냈습니다. 군산에 빵집을 낸 경우도 있죠. 이성당이 군산에서 추가로 점포를 열지 않는 이유가 바로 출신 직원들이 빵집을 군산에서 하고 있기 때문이기도 해요."

김 사장은 동네빵집들이 프랜차이즈 업체에 밀리는 중요한 이유로 직원들의 근무여건을 꼽았다. 대규모 물량 공세를 펴는 프랜차이즈 빵집들에 비해 적은 인원이 일하는 동네빵집은 경쟁력에서 뒤질 수밖에 없다는 것.

"프랜차이즈 빵집들은 빵을 직접 만들기도 하고, 공급 받기도 하기 때문에 직원들의 근무시간을 유연하게 가져갈 수 있어요. 하지만 소규모 빵집은 그런 게 어렵기 때문에 하루 종일 문 여는 시간이 길고, 근무여건이 열악할 수밖에 없죠. 그렇다 보니 아무래도 맛있고 좋은 빵을 개발하는 시간도 또 만들어내는 에너지나 힘도 떨어질 수밖에 없습니다. 그러다 보면 일종의 악순환이 반복될 가능성이 높죠. 일주일에 한번은 쉴 수 있는 빵집을 모토로 적은 인원으로 할 수 있는 조그만 제과점의 롤모델을 만들어보려 합니다."

6장
1년간의 취재기를 마치며

법으로 그들을 막겠다고?

경제민주화란 개념이 최근 핫이슈가 되면서 동네빵집과 재벌가 빵집 이야기가 그 대표적인 이야기처럼 다뤄졌다. 결국 이 빵집들을 소유하고 있던 일부 대기업 2, 3세들은 그들의 지분을 정리하면서 사업을 중도포기 했었다. 그럼 그 이후 스토리는 과연 어떻게 진행되고 있는 것일까?

이명희 신세계 회장의 딸 정유경 씨, 이건희 삼성전자 회장의 딸 이부진 씨, 신동빈 롯데그룹 회장의 조카 장선윤 씨는 모두 빵 사업을 해왔다. 이들은 재벌가답게 동네빵집을 넘어 고급 카페형 베이커리를 추구했다. 든든한 집안이 받쳐준 만큼 세 빵집은 나날이 성장가도를 달렸다. 그러나 정도가 지나치면 탈이 나는 법이다. 결국 대통령이 나서서 문제를 삼는 지경에 이르렀다.

2012년 1월 이명박 당시 대통령은 "재벌 2, 3세는 취미로 할지 모르지만 빵집을 하는 사람들은 생존이 걸린 문제"라며 '재벌빵집'을 대놓고 비판했다. 정권 말기에 민심을 의식한 것일 수도 있지만 어찌 됐든 대통령이 직접 언급을 한 만큼 파급력은 컸다.

이후 대기업들은 서둘러 빵집 지분을 내놓고 매각한다고 했고, 실제로 그렇게 했다. 그런데 그때 그 빵집들은 여전히 그곳에 있다. 동네빵집들의 상황은 결코 나아지지 않고 있다. 그 이유는 무엇일까? 서슬퍼런 대통령 말에 소유주들은 꼬리는 내렸지만 호랑이가 빠진 자리는 여우들이 차지하고 말았다.

삼성그룹 계열사인 호텔신라는 2012년 1월 골목상권 침해논란이 일자 3개월 만인 그해 4월 자사 베이커리 브랜드인 '아티제'를 대한제분에 매각했다. 그러면서 이부진 사장은 골목상권을 침해하는 부도덕한 기업가에서 지역경제에도 관심을 갖고 골목상권 선진화를 위해 사업을 포기할 줄 아는 통 큰(?) 여사장이 됐다.

그러나 정작 이 사장이 매각한 아티제의 새 주인은 대한제분이라는 연매출 1조 원에 육박하는 또 다른 대기업이었다. 결국 대기업에서 대기업으로 빵집이 대물림 된 것이다. 그리고 그 이후? 지난해 아티제를 인수한 대한제분은 매장을 7개 더 늘렸다. 현재 아티제 매장은 32개로 늘었다. 재미있는 현상은 대한제분이 빵집을 인수한 이후 아티제에 대한 언론의 시비도 여론의 관심도 크게 줄었다. 빵의 원료인 밀가루를 제조 판매하는 회사라서 '면죄부'를 받은 것이라는데 아무리 봐도 궁색한 모습이다.

정유경 부사장은 '데이앤데이', '달로와요' 등 빵 사업을 하던 자신의 회사 신세계SVN의 지분 40%를 처분하며 논란을 피해갔다. 그런데 이 회사는 현재 신세계 그룹 계열사인 조선호텔이 75% 지분을 가지고 있다. 자신의 지분을 가족 회사에 되판 것이다. 절묘한 신의 한수라고 하기엔 그 꼼수의 궁색함이 이루 말하기 힘들 정도다. 신세계SVN은 아직도 이마트 등 신세계 유통망을 통해 독점적으로 빵을 팔고 있다.

롯데그룹 장선윤 씨는 빵집인 '포숑'을 운영하는 계열사 '블리스'의 지분을 영유통과 매일유업 등 외부기업에 매각했다. 매일유업도 연매출이 1조가 넘는 기업이다. 롯데는 계열 식품업체 롯데브랑제리가 설립한 베이커리 브랜드인 '보네스페'를 롯데백화점과 롯데마트에서 여전히 운영 중이다. 롯데는 "대주주 일가가 직접 운영하는 것이 아니라 계열사가 설립한 베이커리이므로 논란이 된 '재벌빵집'과는 성격이 다르다"는 입장이다.

분명 재벌가 딸들은 빵 사업에서 손을 뗐다. 하지만 일반 대중들이 보기에도 기자인 본인이 보기에도 재벌가의 빵은 여전히 진행 중이다.

결국 재벌가의 빵집 논란은 돈 많은 재벌 딸들이 취미 생활로 빵집을 하는 것은 곤란하다는 희괴한 프레임에서 벗어나지 못하고, 그들만이 경기장을 빠져나가면서 재벌의 골목상권 침해 문제는 희석됐다. 그러면서 골목상권은 여전히 거대한 공룡, 거인들로부터 잠식되고 있다. 다시 이야기하면 힘없는 소인, 자영업자들이 설 땅은 갈수록 좁아지고 있는 것이다. 보다 작은 상권, 더 좁은 골목으로 내몰리는 형국이다.

라면, 순대, 삼각김밥 등 전통적인 골목 아이템이 이제는 대기업의 아이템이 되어버린 지 오래다. 서울 신림동의 이른바 순대타운의 순대를 누가 만들어 공급할까. 지금은 중단했지만 2012년 초까지 아워홈이 순대를 만들어 팔았다. 아워홈은 LG그룹 창업주의 손자가 만든 급식회사이다. 여론에 밀려 순대를 포기한 아워홈은 된장찌개와 김치찌개 식당을 열었다. 한식 패스트푸드가 콘셉트지만 골목길 분식집과 메뉴며 가격이 비슷하다.

30년 패션 전문기업 LG패션은 LF푸드를 설립하고 하꼬야 등 일본라면 체인점을 운영하고 있다. 점포도 전국에 90여 개나 된다. LF푸드는 2012년 식당사업으로 247억 원의 매출을 기록했다. GS그룹이 운영하는 편의점인 GS25에서 가장 잘 팔리는 김밥과 도시락 샌드위치는 프레쉬서브라는 회사가 공급하고 있다. 이름이 익숙하지 않아 중소기업으로 착각할 수 있지만 사실은 GS리테일이 만든 식품회사다. 결국 GS그룹이 삼각김밥까지 만들어 자신들의 편의점에서 팔고 있는 것이다. 2012년 삼각김밥과 샌드위치 등의 매출이 자그만치 470억 원이다.

롯데 역시 삼각김밥과 샌드위치 등을 롯데 후레쉬델리카를 통해 계열사인 세븐일레븐 등에 공급하고 있다. 삼각김밥을 만드는 롯데는 팝콘 장사로도 곤욕을 치렀다. 전국 52개 롯데시네마의 팝콘매장을 신격호 롯데그룹 회장의 부인과 자녀들이 운영했다. 지난해 매출만 641억 원에 달했다. 결국 여론의 뭇매를 맞고 2013년 2월 롯데시네마에서의 팝콘과 음료 장사를 중단했다.

재벌빵집 논란이 커지자 슬그머니 외식사업을 접는 대기업들이 늘고 있지만, 자세히 들여다보면 오른손은 접고 왼손은 펼치는 경우가 대부분이다. 동네 상인들은 베이커리 시장처럼 조만간 공룡들이 식당 간판을 달고 골목 구석구석까지 들어오는 건 시간문제라고 여기고 있다.

실제로 골목상권 보호를 위한 이른바 상생법이 시행된 이후 최근 2년여 동안 동네 큰 모퉁이마다 수백여 곳의 대기업 슈퍼마켓이 새로 자리를 잡았다. 상인들은 죽을 맛이지만 주민들은 환영했다. 대형마트나 백화점 같은 쇼핑몰이 들어오면 편해진다는 게 직접

적인 혜택이었으며 집값이 뛸 수 있다는 기대감은 부수익이었다. 이런 환영을 등에 업은 거인들은 점점 주택가까지 파고들게 된 것이다.

장사는 목이라고?

절이 싫으면 중이 떠나면 된다는 말이 있다. 골목에서 장사가 안 되면 목 좋은 다른 골목에서 장사를 하면 되지 않겠는가. 골목은 죽어도 내가 사는 게 먼저니까 말이다. 그럼 난 정말 살 수 있을까? 그 확률은 얼마나 될까? 이번 책을 위해 만났던 수많은 골목상권 상인들의 이야기를 토대로 결론 내려보면, '꿈깨라!'다.

요즘 가장 유동인구가 많은 지역 중 하나이자 속칭 뜬다는 상권인 홍익대 입구 주변. 놀라지 마시라. 2010~2012년 홍대정문에서 상수역까지의 거리에 있는 총 82개 점포 중에서 20개 점포는 두 번이나 주인이 바뀌었다. 세 번 바뀐 가게는 18개나 됐다. 82개 중 38개의 점포가 2년도 안 돼서 주인이 여러 번 바뀌었다는 얘기다. 잘되는 가게를 왜 나갔겠는가? 망했다. 그들은. 그렇게 가게주인이 바뀌어갔다. 대한민국 최고의 상권 중 하나인 홍대도 이 지경이다.

　물론 앞에서 본 82개 중 주인의 손이 바뀌지 않은 38개의 점포를 제외한 44개의 점포, 이들은 그럼 진정으로 생존한 점포들일까? 결코 그렇다고 보기 힘들다는 게 내가 만난 수많은 상인들의 이야기였다.

　"목이 좋은 상권, 좋지요. 그런데 요즘 홍대 월세에 보증금이 얼마나 하는 줄 아세요? 실은 죽어라 일해서 집 주인들 배 불려주는 꼴이에요. 저흰 집세 내다 보면 인건비 건지기도 쉽지 않아요."

　그렇다. 그 자리를 유지하기 위한 고정 비용이 너무 많이 든다. 특히 부동산 비용! 임대료에 보증금, 권리금까지. 고정적으로 들어가는 돈이 많아도 너무 많다. '까지 것 장사 잘하면 되지 뭐'쯤으로 생각하면서 부리는 호기는 정말 자신의 많은 것들을 그간 한번도 경험치 못했던 벼랑 끝, 저 나락 끝으로 내던지는 것과 다름없는 행위일 수 있다.

　자신의 능력을 과대평가하는 우를 범하고 좌절에 빠져 있던 수없이 많은 상인들을 만난 것도 이번 취재에서 한 중요한 경험이었다. 정말 부지런히 벌어서 임대료 갚는 데 허덕이는 이들이 많았다.

　불행히도 주요 상권의 임대료는 끊임없이 수직상승 중이다. 시장의 수요공급 논리다. 직장에서 퇴직한 갈 곳 없는 40~50대 가장들의 끊임없는 두드림이 있는 한 이러한 상승곡선은 좀처럼 꺾이기 쉽지 않아 보인다. 과도한 창업 경쟁에 매출은 떨어지고 점포 임대료는 오르고 악순환의 반복인 셈이다.

상가전문정보업체 에프알인베스트먼트가 2013년 5월 발표한 서울 주요 상권 66곳 5천 200여 개 점포의 임대료를 보면 이런 사실이 잘 나타나 있다. 이 조사를 보면 서울 상권의 점포당 평균 월세가 2005년 말 이후 43.9%나 올랐다. 상권별로는 신천역·인사동·홍대입구역 상권 등이 크게 오르고 문정동 로데오거리·구로디지털단지역·양재역 상권 등은 별 차이가 없었다.

가장 상승률이 가파른 곳은 신천역 일대였다. 2013년 5월 기준으로 월세가 730만 원으로 2005년 5월(308만 원)보다 1.4배가량 임대료가 뛰었다. 인사동도 2005년 399만 원에서 현재 820만 원으로 2.05배나 올랐다. 홍대입구·이대입구역도 현재 2005년의 1.5배 수준이다.

신천역 임대료가 크게 오른 데는 재건축 단지 입주가 큰 영향을 미쳤다는 분석이다. 2000년대 후반 잠실엘스·잠실리센츠·잠실트리지움 등 1만 가구가 넘는 새 아파트가 잇따라 들어서면서 유입인구가 급증한 것이다. 에프알인베스트먼트 안민석 연구원은 "이

■ **서울 상권 임대료 톱10** (단위:원)

순위	2013년 5월	2005년 5월
1	명동 8천 365만	명동 5천 792만
2	강남역 7천 006만	강남역 4천 286만
3	종로관철동 1천 623만	종로관철동 1천 217만
4	신촌역 933만	문정동 로데오거리 623만
5	광화문역 903만	광화문역 607만
6	인사동 820만	신촌역 537만
7	강남 신사역 811만	강남구청역 524만
8	압구정로데오역 805만	압구정로데오역 472만
9	강남구청역 760만	방이동 먹자골목 437만
10	압구정역 744만	강남 신사역 427만

중앙일보, 2013년 6월 17일자 '신천역·인사동 상가 임대료 가장 많이 올랐다'

들 단지 내 상가 가격이 오르면서 주변의 기존 상가 임대료도 자극했다"고 설명했다.

  인사동은 인근 북촌 한옥마을 덕을 봤다. 정부가 한옥 보존을 위해 북촌 한옥마을 가꾸기에 적극 나서면서 국내외 관광객이 몰려든 것이다. 일본·중국인 관광객 사이에서 쇼핑 명소로 떠오른 홍대입구·이대입구역도 마찬가지다. 상가뉴스레이다 선종필 대표는 "홍대·이대 일대는 온라인 쇼핑몰의 발달로 한때 시들해졌다가 2000년대 후반 외국인 관광객 덕에 다시 부흥을 누리게 됐다"고 전했다.

임대료가 상대적으로 덜 오른 곳은 문정동 로데오거리(13.2%)·구로디지털단지역(12.5%)·노원역(13.2%)·양재역(5.6%) 등이다. 공통적으로 인근 대형 쇼핑시설 등에 밀려 상권이 위축됐다. 문정동 로데오거리는 문정·장지동에 조성된 가든파이브가 2010년 6월 문을 열면서 찾는 사람이 크게 줄었다. 구로디지털단지역은 신도림동 디큐브시티(2011년 8월 개장)의 타격을 입었다.

양재역은 2011년 10월 신분당선 강남~정자 구간 개통 후 강남역 상권으로 수요가 몰리면서 맥이 빠졌다. 대규모 학원가가 형성돼 10대 유동인구가 많았던 노원역 상권은 쉬워진 수능, 혁신학교 개교 등의 영향을 받아 임대료가 제자리걸음을 했다. 서울에서 임대료가 가장 비싼 지역은 명동(8천 365만 원)으로, 9년째 1위 자리를 지켰다.

'장사는 목!'이란 기대감은 얼마나 부응하고 있을까? 홍대에서 카페바인을 운영한 강도현 사장의 사례를 통해 알아보자.

우리 매장은 홍대 정문에서 상수역 방향으로 100m 정도 내려오면 보였다. 아니 잘 보이지 않았다. 2층에 있었기 때문이다. 35평 정도의 공간이 필요했는데 1층은 임대료가 월 1천만 원이 넘었다. 그래서 2층으로 갔다. 2층은 임대료가 부가세와 보증금 이자를 포함해 400만 원 정도됐다.

(중략)

400만 원이 커 보이지 않았다. 처음 몇 달 적자는 사업 초기니까 그렇다고 생각했다. 적자는 메우면 그만이었다. 그런데 매출이 아무리 늘어도 550만 원 이상 나오지 않았다. 영업시간 내내 눈코 뜰 새 없이 장사가 가장 잘되는 날은 40만 원 정도 매출을 올렸다. 가장 많이 나가는 메뉴인 아메리카노가 3천 500원이었고, 객당 평균 매출이 4천 원 정도였다. 일반 프랜차이즈 카페보다는 더 저렴했다. 당연히 그렇게 할 수밖에 없다. 그런 가격으로 100잔을 팔면 40만 원이다. 오전 11시부터 밤 11시까지 12시간 영업하는 동안 카페가 세 번은 꽉 차야 그 정도 매출을 올린다. 금요일이나 토요일 정도에만, 그것도 한 달에 두 번 정도 매출이 30만 원 이상이었고, 평일에는 10만 원에서 20만원 사이를 오갔다. 평균 20만 원의 매출을 꾸준히 올리더라도 30일 내내 장사를 해봐야 매출이 600만 원이다. 주말에 매출이 늘어난다 해도 전체적으로 월 700만 원을 넘기기 정말 힘들다. 나가는 돈은 얼마일까. 일단 임대료가 월 400만 원이고 인건비도 꽤 된다. 주인이 상주하고 아르바이트만 근무해도 월 150만 원 이상 든다. 손님이 많고 적을 때가 규칙적인 것도 아니고 주인 혼자 있다 보면 서비스의 질이 급격하게 떨어져서 매출 감소로 이어진다. 아르바이트든 직원이든 1명은 있어야 한다. 수도, 전기 등 공간 운영에도 월 50만 원이 소요된다. 게다가 원두 등 재료비 원가까지 계산하면 매출 750만 원을 올려도 주인은 한 푼도 가져가지 못한다. 물론 카페가 2층에 있었고 최신 인테리어를 한 것도 아니었기에 기대를 크게 하지는 않았다. 그래도 직원 월급은 줄 수 있을 줄 알았다. 그렇다고 1층으로 갈 수도 없는 일이었다. 홍대 근처에 같은 크기 매장 1층 임대료는 월 800만~1천 200만 원이다. 최소 매출 1천 200만 원에서 1천 500만 원은 올려야 한다는 말인데 도대체 커피를 몇 잔을 팔아야 가능할까? 월 매출 1천만 원을 하려면 월 2천 500잔을 팔아야 한다. 하루도 쉬지 않고 영업하면 하루에 85잔이다. 100잔씩 꼬박꼬박 팔면 사장이 150만 원 벌어간다. 카페가 즐비한 거리에서 하루에 100명이나 내 카페에 들어올 가능성은? 쉽지 않다.

(중략)

그렇다면 프랜차이즈는 대안이 될 수 있을까? 카페베네를 보자. 홈페이지에 들어가면 40평 매장을 차리는 데 드는 비용이 소개돼 있다. 가맹비 1천만 원 외에 인테리어, 주방 설비, 커피 머신, 간판, 인쇄물, 디자인, 보증금 등 총 2억 3천 750만 원이 든다고 한다. 철거, 전기, 소방, 냉난방, 외부 테라스, 각종 인허가 및 견적 외 품목은 포함되지 않는다. 보통 40평 기준 철거 비용은 싸게 해도 500만 원, 아무 생각 없이 업체를 불러서 하면 1천만 원 정도 든다. 전기, 소방, 냉난방 등 시설 비용을 낮게 잡아 2천만 원 정도라고 하고, 테라스 공사 1천만 원 정도, 게다가 가장 중요한 보증금과 권리금을 생각하면 4억에서 많게는 5억 원까지 초기 비용으로 생각해야 한다. 40평이라고 해봐야 주방 4평에 테이블 꽉꽉 채워도 15개다. 어느 세월에 그 많은 돈을 벌 수 있을지 참 궁금하다.[1]

소위 말해 '앞으로 벌고 뒤로 까먹는' 점포가 여전히 수두룩하다. 단골 식당에서 밥을 먹으면서 "요즘 장사 잘되세요?"라고 물으면 "현상 유지만 하면 다행이다"라는 답이 태반이다. 손님 입장에서 볼 때는 고개를 갸웃거릴 일이다. 분명히 파리가 날리는 식당이 아닌데도 불구하고 식당 주인의 주름살은 날로 깊어지니 말

---

1 강도현, 『골목사장 분투기』, 인카운터

이다. 우울한 얘기지만 가게에 손님이 많아도 망한다. 손님을 수용할 수 있는 한계는 분명한데 음식이나 서비스의 질을 유지하기 위해서는 지속적으로 비용이 늘어나기 때문이다.

속칭 장사가 잘되고 매출이 좋을 때는 이런 과중한 부담들이 크게 느껴지지 않을 수도 있다. 그러나 경기가 요즘처럼 좋지 않고 유동적일 때 작은 점포들은 이러한 환경에 대응하기 쉽지 않다. 거인들은 이미 경험한 노하우들을 바탕으로 철저한 리스크 관리를 통해 외부변수에 대항해 위험을 최소화하는 방법을 알고 있고 그들만의 프로세스로 준비한다. 경기가 어려운 요즘 같은 시기에 작은 자영업자들의 생존력이 더욱 안 좋아지는 이유도 여기에 있다.

강남에서 장사를 했던 '라피자'라는 피자가게 사례를 보자. 『골목사장 분투기』에 따르면 이 가게는 논현동 안세병원 사거리 상권에 13평 규모로 문을 열었다. 주방이 6평 남짓이었고 홀에 2인 테이블 6개를 채웠다. 권리금 1천만 원, 보증금 1천만 원, 인테리어 2천 500만 원, 준비비용 1천만 원까지 총 5천 500만 원을 투자했다. 처음 6개월 동안은 적자를 봤지만 그 이후로는 매출이 1천만 원이 넘고 최고 1천 700만 원까지 찍었다. 너무 바쁠 때는 사장 남편도 휴가 내고 셰프 가족까지 동원해 5명이 아침 10시부터 밤 11시까지 화장실 갈 시간도 없이 일했다. 그렇게 순이익이 500만~600만 원 정도 났다.

장사가 잘되다가 매출이 다시 1천 200만 원대로 내려오더니 순식간에 1천만 원대로 내려앉았다. 이른바 '오픈발'이 다한 것이다. 라피자 사장님은 이때 과감하게 장사를 접었다. 계속 운영을 하면 매출이 800만 원대로 떨어지고 상황이 더 악화될 것이라는 판단에서다. 라피자의 경우 객당 단가를 8천 원으로 본다면 원가 비율이 30% 정도니 월 고객 350명까지의 매출은 임대료를 지불하는 데 소비된다. 즉 매일 고객 15명 분 매출은 임대료로 지출되는 꼴이다. 2인 테이블이 6개라고 했으니 매장을 한 번 꽉 채우고도 모자란다. 또 다른 고정비용인 인건비는 매장을 매일 두 번씩 채워야 한다. 게다가 기타 제반 비용을 생각하면 하루 네 번 회전까지는 각종 고정비용을 내는 것이다. 그다음부터 오는 손님이야말로 비로소 사장의 주머니 속으로 들어가는 돈이 되는 것이다.

라피자 사장은 이렇게 말한다. "매출을 유지하는 것 자체가 비용이고 돌파구를 찾아내지 못하면 힘들어지는 것인데 저희 경우는 셰프가 바뀌면서 돌파구를 찾지 못한 거죠. 그리고 신사동이라고 하는 지역은 조금만 흔들려도 버티지 못하는 곳이에요. 생각해보세요. 매장 규모가 6평인데 계속해서 손님이 들어오지 않으면 임대료 180만 원을 낼 수가 없어요. 그 조그마한 매장 임대료가 180만 원이라는 게 믿기지 않지만 어쩌겠어요? 저희만 그런 게 아니라 서울이 그런걸."

모든 사업은 초기에 단골을 만들고 지역상권에서 자리를 잡는 시간이 필요하다. 적게는 몇 개월에서 길게는 1년까지도 시간이 필요하다. 그런데 이렇게 높은 고정비용 구조에 초기 투자비용 구조로는 이를 버텨낼 수 있는 사람들이 많지 않다. 결국 개개인의 문제라고 치부하기엔 구조적인 문제가 너무 크다는 의미다. 자칫 삐끗 하기라도 하면 큰돈을 날릴 뿐더러 쉽게 재기하기 힘든 사회적 구조를 가진 곳에서 우리는 살고 있다.[1]

거인과 함께라면 된다고?

2013년 6월 21일 통계청이 발표한 수치를 보면 2012년 3월 말 기준 자영업자 가구는 전체 가구의 25.7%를 차지했다. 즉 대한민국 가구 넷 중 하나는 자영업을 하는 가구다. 그리고 자영업자 가

---

1 강도현, 『골목사장 분투기』, 인카운터

구 중 78.5%는 고용원 없이 나홀로 장사를 하고 있으며 50세 이상 가구가 59.9%였다. 10명 중 2명은 나홀로 장사를 하는 자영업 가구란 이야기다. 사회적 약자로만 치부하기엔 너무나 많은 숫자다.

자영업자 가구의 자산은 4억 2천 683억 원, 부채는 7천 786만 원으로 상용 근로자 가구에 비해 각각 1.3배 높았다. 자영업 가구의 65.5%가 순자산 3억 원 미만을 보유했으며 10억 원 이상은 6.8%에 그쳤다. 고용원이 있는 가구의 순자산은 6억 2천 320만 원으로, 고용원이 없는 가구의 순자산 2억 7천 397만 원과 견주었을 때 2.3배의 격차를 보였다.

자영업자의 부채 보유가구 비율은 13.5%로 상용근로자 가구 73.6%보다 낮았으나 2억원 이상 보유 가구 비율은 상용근로자 가구 10.5%에 비해 3.0%포인트 높은 13.5%로 집계됐다. 자영업자 금융부채 보유가구 가운데 72.3%가 원리금 상환에 부담을 느끼고 있었다. 자영업자 비중은 연령대가 높아질수록 증가했다. 30세 미만 4.9%, 30대 14.8%, 40대 26.4%, 50대 32.0%, 60세 이상 42.2% 등이다. 연령대가 높을수록 자영업자가 많은 이유는 베이비부머들이 퇴직을 하면서 창업 시장을 노크하는 사례가 많기 때문이다. 퇴직금으론 노후가 불안하니 자영업에 나서는 것이다.

나홀로 장사하는 자영업자의 개인소득은 2천 662만 원에 불과했다. 자영업자 빈곤율은 13.1%였다. 상용근로자 빈곤율 4.4%의 3배에 가까운 수치다. 30세 미만을 제외한 모든 특성별로 자영업자 빈곤율이 상용근로자보다 높다고 통계청은 설명했다.

위 통계에서 보듯 자영업자들, 특히 나홀로 가게를 운영하는 자영업자들의 경제 형편은 좋지 못한 상황이다. 이쯤 되면 이런 생각이 들 수도 있다. '혼자서 개고생 하지 말고 창업 매뉴얼이 시스템적으로 갖춰져 있는 대기업 프랜차이즈에 손을 한번 벌려보지.'

비록 가맹비 등으로 창업 비용은 늘어나겠지만 기본 이상의 수익이 보장된다면 늘어난 비용은 수익으로 상쇄될 수 있으니 이를 투자라고 여길 수도 있다. 실제로 우리 주변에 수없이 늘어나고 있는 편의점들을 보면 이러한 상황을 실감할 수도 있다. 그런데 정말 그들의 품 안으로 들어가면 살림살이는 좀 나아질 수 있는 것인지 그 현실이 궁금했다. 그리고 그러한 환상은 얼마 안 되는 사람을 만나보자 쉽게 깨졌다. 실제 프랜차이즈의 덫에 빠진 이들과의 내용을 바탕으로 다소 각색해봤다. 그들의 사생활을 보호하기 위해 부득이 하게 가명을 썼고, 업체명은 이니셜로 처리했다.

느껴보시라. 따스러운 거인의 품을.

직장 생활에 염증을 느끼고 있던 차에 알고 있던 지인과 우연히 술자리를 합석하게 되었다. 그는 모 프랜차이즈 빵집 A사의 영업직원이었다. 끝이 보이지 않는 직장생활의 염증을 토로하던 차에 넋두리 비슷하게 퇴직하고 나면 빵집이나 하면서 욕심 없는 그저 편안한 노후를 보내고 싶다고 했다.

얼마 되지 않아 그에게서 전화 한 통이 왔다. 다시 만난 그는 술자리 때와는 다른 모습이었다. 호감형 얼굴에 신뢰감이 있는 인상이었다. 깔끔한 정장에 반짝이는 구두, 정갈한 넥타이가 어딘가 모르게 믿음을 줬다. 젊은 친구가 아주 싹싹하고 예의까지 발랐다.

이 친구는 빵집에 대한 가능성을 끊임없이 설명해줬다. 모든 것이 그럴싸해 보였다. 더욱이 기왕 시작할 것이라면 미리 시작해서 기반을 닦는 것도 좋다는 이 친구의 이야기는 내 마음을 흔들었다. 회사엔 더 이상 미련도 마음도 없었다. 기왕 하는 빵집이라면 든든한 대기업이 뒤를 받치고 있는 그런 브랜드가 든든해 보였다.

그렇게 얼마간의 시간이 지났고 난 이 친구와의 잦은 만남 이후 결심했다. 가맹점에 가입했고 난 대기업 프랜차이즈 가맹점주가 되었다.

모든 것이 일사천리였다. 내가 문을 열려고 하는 점포의 권리금은 2억 7천만 원, 보증금 4천만 원, 약 3억 원의 돈이 우선 필요한 돈이었다. 매월 예상되는 비용은 대략 3천만 원(2천만 원쯤 들어가는 빵 원가, 350만 원 가량의 운영비 및 부대비용, 400만 원 가량의 인건비 및 250만 원 가량의 임대료)쯤 된다 했다.

반면 기대되는 매출은 유사한 크기의 상권 매장이 일평균 약 100만 원 정도, 월매출 3천 500만 원쯤 된다 했다. 쉽게 계산해 내 앞으로 약 500백만 원 정도의 돈이 떨어지는 수준이었다. 3억 원을 투자해서 매월 500만 원. 괜찮은 장사라 생각했다. 특히 은행의 저금리 상황을 고려하면 더욱 그랬다. 2년 동안 장사를 하면서 매출이 출렁이긴 했지만 영업사원이 말한 대로 평균 500만 원 정도 수익이 생겼다. 그렇게 약 5년의 시간이 흘렀다. 500만 원으로 투자했던 원금을 뽑는 건 힘든 일이었지만 내 점포고 마음적으로나 시간적으로 여유가 없었던 직장생활보다 많은 것들이 나아졌다고, 내 결정이 나쁘지 않았다고 생각했다.

그러던 어느 날 영업사원이 찾아왔다. 문득 가맹계약을 할 때 5년마다 한 번씩 인테리어를 교체해야 한다는 조항이 있었던 것이 생각났다. 가게 운영한 지 5년 가까이 됐으니까 때가 됐구나 싶었다. 그런데 가게를 깔끔하게 운영한 덕분에 인테리어는 여전히 쓸만한 수준이었다. 굳이 돈을 내고 바꿔야 하나 싶었다. 영업 사원을 잘 구슬려서 돌려보내야지 생각했다.

그런데 문을 열고 들어오는 영업사원의 표정이 심상치 않았다.

표정이 단호하고 매서웠다. 어투는 매우 단도직입적이었다. 첫 인사 후 곧바로 본론으로 돌입했다. 이 영업사원은 본사에서 매장 콘셉트를 빵과 커피 등 음료를 함께 판매하는 '카페형'으로 바꾸기로 했으니 이 방침을 따르라 했다. 순간 젊은 친구가 내게 이럴 수 있나 하는 생각이 들었다. 그러나 얼굴 붉히지 않으려고 그의 제안을 최대한 들어보기로 했다.

그가 제시한 인테리어 견적비는 4억 2천만 원. 당연히 비용은 내 부담이었다. 이 돈을 어디서 마련하나. 결국 또 은행 빚을 지는 수밖에 없다. 그렇게까진 할 수 없었다. 영업사원은 잘 생각하라고 나를 타일렀다. 난 단호하게 못 하겠다고 했다. 그는 더 이상 나와 대화를 해도 소용이 없다고 느꼈는지 그대로 돌아갔다.

며칠 후에 날벼락 같은 우편이 가게에 도착했다. '가맹계약 종료 안내'라는 본사의 내용증명 우편이었다. 끝까지 버텼다. 그랬더니 내 가게 옆에 같은 프랜차이즈 빵집이 공사를 하기 시작했다. 본사가 직접 운영하는 매장이었다. 이것이야말로 TV에서만 보던 거인의 횡포인가. 이길 수 없는 싸움의 시작이었다. 나도 오기가 생겼다. 버텼다. 죽기 아니면 까무러치기였다. 그러는 사이 그도 나도 루저가 되어가고 있었다. 서로의 상처는 비슷했지만 그들은 버텨냈다. 내겐 그럴 힘이 없었다. 매출은 정확히 반쯤으로 떨어졌다. 함께하던 직원도 내보냈다. 혼자 악으로 버텼지만 결국 본사가 일정액을 보전해준다는 이야기에 포기했다. 그렇게 난 빵집과 내가 꿈꿔왔던 노후의 한 꿈을 포기했다. 호되게 당한 터에 지칠 대로 지친 내가 다음에 선택할 수 있는 일은 그리 많지 않았다. 다시 월급을 받는 안정된 일자리도, 새로운 거인의 품도 모두 다 쉽지 않았다.

고단한 인생이다.

이와는 상황이 좀 다른 또 다른 이야기도 있다. 편의점 아저씨가 된 김능환 전 중앙선거관리위원장 이야기다. 조선일보는 2013년 4월에 그에 대한 인터뷰 기사를 게재했다. 기사 내용을 요약해보자면 다음과 같다.

'장사'라는 단어가 나오니 그의 이마에 깊은 주름이 팼다. "묻지 마세요. 여긴 기껏해야 한 봉지 사도 1만 원 내외니까. 팔아봐야 얼마나 판다고. 임차료 내는 것도 빠듯하고……."

그러곤 그는 혼잣말인 듯 나직이 속삭였다.

"이 가게, 언제 닫을지……."

중앙선거관리위원장에서 '편의점 아르바이트 아저씨'로 변신한 지 한 달. 김능환(62) 전 선관위원장의 표정에선 퇴임 때 보여줬던 것만큼 환한 미소를 찾기 어려웠다. '힘들다'는 내색은 안 했지만 "사람들이 홀대할 때는 슬펐다"고 말했다. 남들 보기에 영예로운 '대법관'이라는 자리에 올라 존경받으며 살았던 그였기에 그저 평범한 '편의점 아저씨'로 사람들한테 무시당하며 지낼 것이라곤 생각해보지도 못했을 것이다.

지난달 5일 퇴임한 뒤 '당분간' 일하고 있다는 그의 일터는 25m^2(약 8평) 남짓한 편의점 매장. "부족한 듯 사는 게 맞는다"며 "적당히 할 만하다"고 말하는 그였지만 사람 하나 겨우 들어갈 듯한 비좁은 계산대 안에서 주말마다 8시간을 보내는 일은 결코 쉬워 보이지 않았다. 그의 뒷모습을 바라보던 아내 김문경(58) 씨는 "요즘 들어 점점 초라해지시는 거 같아 속상하다"고 말했다.

그는 지난해 4월 서울 동작구 상도동에 작은 편의점을 열었다. 또 9월엔 편의점 바로 옆에 채소 가게를 열었다. 모두 아내 김문경 씨 이름으로 그가 마련해준 것이다. 그가 공직에 있는 동안 바깥일을 못 했던 아내에게 '제2의 인생'을 열어주기 위해 퇴직금을 모두 털었다.

처음엔 재미도 있었다. 선관위원장을 하면서도 종종 편의점 아르바이트를 했다. 2012년 대법관에서 퇴임하고 나서야 은행에 처음 가볼 정도로 돈에 무심했던 그가 바코드를 찍으며 현금 잔고 통을 확인했다. 기계를 만지는 게 익숙하진 않았지만 조금씩 적응해 갔다. 그때는 '취미' 정도로만 생각했으니 부담도 없었다.

하지만 퇴임한 뒤엔 진짜 '생계'가 됐다. "괜찮다, 살 만하다"고 스스로를 다독였지만 '잘 안 되면 어쩌나' 하는 조바심이 사라지지 않았다. 그저 아내가 좋아하고 웃는 모습을 보는 게 즐거웠는데, 임차료도 내기 어려운 형편이 되다 보니 슬슬 걱정이 밀려왔다.

지난달 23일 처음 그를 만났을 때 그는 허리가 아픈 듯 허리를 두드리고 있었다. 그다음 날 찾았을 때도 그는 앉을 생각조차 못 했다. "하루 8시간을 꼬박 서서 일하는 게 쉽지 않다"는 이야기를 건넸다.

- 장사는 어느 정도 되나요?

"그다지 잘되는 거 같진 않아요. 여기 와서 사람들이 한 봉지 왕창 사도 1만 원 정도죠. 보통은 몇백 원짜리 음료수나 과자를 사고. 주로 담배 장사죠."

그는 계산대 화면 한 쪽을 가리키더니 '현금 보유고'라고 적혀 있는 글자를 보여줬다. "어젯밤 12시부터 오후 7시 반까지 57만 원 조금 넘게 들어왔네요. 카드 받은 것도 조금 있으니까 이거보다는 좀 더 많긴 할 텐데, 이렇게 벌어서야……."

주말 비슷한 시각에 그를 찾을 때마다 들쑥날쑥하긴 했지만 현금 매출은 대략 50만 원 내외였다. 금요일이었던 5일만 오후 3시쯤 50만 원을 넘긴 상태였다. 2011년 기준 조사로 전국 편의점의 25.8%가 하루 매출이 100만 원 이하라고 하니 그의 편의점도 그 범주 안에 드는 걸로 보였다. CU 본사 측에 알아보니 일평균 140만~150만 원 정도의 매출이 나왔다. 매출액에서 납품 원가를 뺀 매출 이익은 전체 매출액의 27~28%로 알려져 있고, 가맹 수수료는 매출 이익의 35%이기 때문에 나머지 금액을 가지고 임차료와 인건비 등을 모두 부담해야 한다. "임차료 겨우 내지"라며 쓴웃음을 짓는 그의 말이 허투루 들리지 않았다.

그의 아내는 "이 일을 언제까지 할 수나 있을지 모르겠다"며 말끝을 흐렸다. "장사가 이렇게 힘든 건지 몰랐어요. 제가 너무 순진하게 생각했나 봐요. 채소 같은 건 팔면 팔수록 손해더라고요. 3분의 1은 못 팔고 버리게 되고. 임차료는 낼 정도가 돼야 하는데, 제가 해보면서 장사하는 사람들에 대해 다시 생각하게 됐어요."

- 근처에 CU 편의점이 하나 더 있더라고요.

"50m마다 하나씩 있는 게 요즘 실정이잖아요. 편의점이란 게 대단히 돈 벌 수 있는 곳도 아니고, 거기나 우리나 어려운 건 비슷할 거예요. 저도 아내 영업에 보탬이 될까 싶어서 용돈도, 아르바이트 비용도 안 받아요."

— 어떤 사람은 '편의점 아르바이트가 어려운 게 뭐 있느냐고'들 해요. 그냥 서 있기만 하면 되는 거 아니냐고.

"사람들이 몰라서 하는 얘기죠. 편의점 아르바이트 일이 쉬워 보여도 꼭 그런 것만도 아니더군요. 난 식당 일은 안 해봐서 모르지만, 식당 일이 물론 체력적으로 편의점보다야 훨씬 힘들겠죠. 하지만 대부분 식당에선 '피크 타임'이란 게 있잖아요. 점심, 저녁 때 손님 몰리고 나머지 때엔 그나마 한숨 돌리잖아요. 중간에 잠시 쉴 수도 있고. 그런데 여기선 8시간 동안 긴장 놓지 않고 계속 손님을 상대해야 하거든요. 절대 쉽다고만 할 수도 없을 거 같아요."[1]

지난 1년간의 취재기간 동안 만났던 수없이 많은 골목상권 챔피언들, 그들과의 만남에서 확실하게 느꼈던 한 가지. 그 어떤 정부가 들어선다 해도, 그 어떤 보호정책이 제정된다 해도 지금의 이 기형적인 구조가 바뀌지 않는 한 그들의 생존도, 그들의 생계도 언제든 위협받을 수 있다는 사실이었다. 궁극적으로는 이 야생의 공간에서 자립할 수 있도록 공정한 구조를 만들어가는 길이 되어야 한다.

---

1 조선일보 2013년 4월 13일자. [최보윤 기자의 交感(교감)] '편의점 아저씨' 김능환의 한 달… 잃은 건 미소 얻은 건 시름

아울러 골목상권 챔피언들, 그들에게 있는 무언가를, 난 그것을 주로 그들만이 갖고 있는 한 방이라 불렀는데, 이 책에 마지막 내가 느꼈던 그들의 그 한 방을 정리하며 마무리짓는다. 이 정리가 새로운 골목상권 챔피언들의 탄생에 작은 단초가 될 수 있길 기원하면서.

그들의 '한방'

많은 사람들이 사업 혹은 장사의 답답함이나 어려움이 있을 때 많이 들춰보는 것이 경영학 서적이다. 그러나 경영학을 공부했고 경영학과 관련된 많은 서적을 접했다는 본인 역시 전문 서적을 통해 새로운 돌파구나 솔루션을 찾아낸다는 것이 얼마나 어려운 일인지 잘 알고 있다. 이유는 간단하다. 각 개개인이 처한 현실이 특수한데 반해 책에서 다루는 이야기는 일반적이기 때문이다. 내게 꼭 필요한 맞춤형 서비스를 받길 원하는데 책은 그냥 열심히 하라는 식이다.

혹자는 점포가 2층이라 걱정이고, 혹자는 상권이 외져서 걱정이고, 혹자는 반대로 상권이 홍대나 강남처럼 인기 상권이라 오히려 걱정이다. 혹자는 직원이 없어 걱정이고 혹자는 직원이 속을 썩여 걱정이다. 혹자는 메뉴가 너무 많아 걱정이고 혹자는 단일 메뉴를 걱정한다. 걱정이고 해결해야 할 변수들은 끝이 없다.

그런데 내가 만났던 골목상권 챔피언들에겐 분명 남다른 관점이 하나 있었다. 그들에겐 문제가 주변의 '환경'보단 '자신'에게 맞춰져 있었다. 걱정이 있으면 그것을 바꿀 자신을 고민했다. 그리고 이를 위해 누구도 흉내 낼 수 없는 자신만의 방법을 엄청난 열정으로 이뤄냈다.

- Something Special! 거인들은 절대 따라할 수 없는.

골목상권 챔피언들을 만나며 아울러 만났던 그리고 관찰했던 거인들, 그들이 갖고 있는 유일한 무기이자 절대적인 힘은 '조직'이자 '크기'였다. 그들은 '조직의 힘'으로 '쌓아놨던 돈'으로 상대를 제압했다. 그런데 그들의 유일한 무기이자 장기가 때론 그들을 옭아매고 있었다.

그들의 조직적 비대함은 그들이 빠르지 못하게 만드는 가장 큰 원인이었으며 거대한 몸짓을 유지하기 위해 끊임없이 스스로 벌이는 탐욕스러운 사투는 그들이 한 분야에선 결코 혼을 담은 장인이 될 수 없는 환경을 만들었다. 채 1년을 넘기지 못하는 인기메뉴들과 메뉴 하나하나에 혼신의 힘을 다하지 못하는 그들의 자세는 이러한 논리의 반증이기도 했다. 그들은 언제나 친절했다. 그러나 소비자는 만족하지 못했다. 그들의 친절은 받는 이도 하는 이도 편치 않은 친절이었고 서비스였다.

반면 내가 만났던 골목상권 챔피언들은 거인들이 결코 따라올 수 없는 빈틈이 있었다. 들어오는 단골에게 대하는 거침없는 말투와 인사에선 오히려 거인에게선 느낄 수 없는 사람 냄새가 났다.

인터뷰 내내 "돈 버는 것은 두 번째 중요한 목표다. 음식 장사를 하는 사람이라면 내 요리를 많은 사람들이 정말 맛있게 먹고 인정해주는 것"이라 이야기 했던 복진면의 김명식 대표.

메인 요리인 회보다 비싼 물개요리와 고래고기를 쓰키다시로 내놓는 건 결코 전략적 판단이나 매뉴얼 따위가 따라갈 수 없는 행동들이었다. 그는 손님들에게 넉넉하고 마음 좋은 형님이었다. 그에게 음식은 상대의 배를 채워줄 수 있는 도구이자 자신에게 행복을 가져다주는 방법이었다. 그리고 그러한 그의 진정성은 그를 골목상권 챔피언의 반열에 올려놓았다.

어디 그뿐인가? 요즘 우리가 숱하게 듣고 있는 거인들의 속칭 을에 대한 태도들. 자신들의 배를 불려주고 있는 가맹점들과의 공생은 둘째 치고 폭리와 가혹적 행위들로 사회적 지탄이 되었던 모습들. 하지만 김 대표는 가맹점을 운영했지만 가맹비조차 받지 않았다. 점포 운영에 필요한 식자재비와 최초 교육비만 최소한으로 받는다. 일종의 수업료 개념이었다. 이 역시 공짜로 가게를 내주면 책임감이 없을 수 있겠다는 일종의 자신의 브랜드에 대한 보호막 수준이었다. 그는 가맹점을 정글에 홀로 보내지도 않았다. 적게는 6개월에서 길게는 수년간 자신이 하던 자리 잡은 그 가게를 새로운 직영점주에게 물려주는 식의 방법을 선택한 것도 그였다.

이유는 단순했다. 수없는 경험을 통해 첫 6개월의 어려움을 그 누구보다도 잘 아는 마음에서였다. 6개월을 버텨 상권에서 생존력이 생기면 잘해나갈 수 있다는 생각이었다. 가게를 내준 그는 새로운 상권에서 다시 맨땅에 헤딩을 한다. 그렇게 그는 아주 천천히 그러나 아주 단단하게 그의 영역을 넓혀가고 있었다. 사람을 찾아가며 사람의 마음을 얻어가며 그렇게.

이 모든 것이 그가 장사를 시작하기 전 배고팠던 시절의 초심을 잃지 않았기 때문에 가능했다. 손님에게도 함께하는 동료에게도 꾸밈없이 솔직한 장사, 그게 김 대표의 성공 비결이었다.

- 그들에겐 공짜란 없었다.

만약 가까운 누군가가 사업을 시작한다. 그리고 내게 골목상권 챔피언들을 만나며 얻은 교훈을 묻는다면 나는 단연 '얼마나 준비했는가?'를 1번으로 꼽겠다.

퇴직에 몰리거나 하는 등의 처지로 자영업을 고민한다. → 급하게 업종을 찾다 가장 쉬운 요식업을 결정한다 → 집에서 가까운 또는 유명한 상권 부동산을 방문한다 → 가급적 가장 저렴하고 형편에 맞는 점포를 계약한다(여기까지 걸리는 시간이 보통 3개월이 채 걸리지 않는다) → 스스로 요리를 하거나 또는 아내가 나와 요리를 하고 조금 형편이 낫다면 기존 동네 분식점이나 기타 유사 요식업체 경력이 있는 주방장을 고용한다.

내가 만났던 위기의 사장님들의 전형적인 모습들이었다.

말콤 그래드웰의 책 『아웃라이어』에 나온 '1만 시간의 법칙'이 떠오른다. 1만 시간의 투자, 하루 평균 3시간, 일주일 20시간, 그렇게 10년간 하나의 일에 매진해야 진정한 전문가가 될 수 있고 그렇게 전문가의 길로 들어섰을 때 아웃라이어 즉 일반 표본에서 벗어난 성공한 평균치에 도달할 확률이 높아진다는 것이다. 속칭 성공한 사람들의 특징 중 하나로 이 '1만 시간의 법칙'을 이야기한다. 골목상권 챔피언들에게도 그런 치열한 준비과정이 있었다.

김밥 한 줄을 위해 몇 년간 아르바이트와 허드렛일을 했던 나드리 김밥의 임문희 사장. 평범한 가정주부였던 임 사장은 사업을 결심하고 김밥집에서 아르바이트 직원 신분으로 서빙부터 주방까지 모든 일을 다 경험해봤다. 그렇게 경험한 후에도 자신의 가게를 차릴 때까지 골목 구석구석 발품을 팔며 점포를 찾아 다녔고 유동인구, 점포 임대료, 보증금 등 다양한 조건들을 꼼꼼히 따졌다. 주변 부동산보다 정확한 매물 정보를 갖고 상권 분석을 했던 게 그였다. 그렇게 1년 6개월을 준비한 뒤 탄생한 것이 나드리 김밥이었다.

꽁시면관의 최병권 대표. 중국의 골목 구석구석을 뒤지며 한국에서 통한 음식과 요리사를 찾아냈고 6명이나 한국에 초빙했다. 그렇게 모셔온 본토의 요리사들과 개업 전까지 자그만치 1년을 준비한 게 지금의 명동의 꽁시면관이다.

혹 주변에 유사한 업종을 개업하는 친구가 있다면 난 반드시 이렇게 이야기 할 것이다.

"당신의 경쟁사는 비단 골목상권을 위협하고 있는 거인들뿐이 아니라고."

그 후 그들의 이야기를 전달할 것이다. 그러곤 물을 것이다.

"그들의 준비에 얼마만큼 견줄 수 있게 준비했나? 그들은 그렇게 준비했고 오늘 이 순간에도 자신들의 제품과 서비스를 끊임없이 개선해가고 있다고" 말이다.

- 포기하고 싶은 순간이 찾아왔다면 기뻐해라.

내가 만난 위기의 사장들에겐 공통점이 있었다. 불면증에 시달린다는 것이다.

"정말 몸은 피곤한데 잠을 잘 수가 없어요. 잠이 오질 않아요. 정말 미치겠어요. 특히 월말이 되면 그 증상은 더욱 심해집니다. 나갈 돈은 태산인데 주머니엔 돈이 없어요. 퇴직금으로 받아놓은 은행잔고 주는 속도는 상상 이상입니다. 그렇다고 이런 이야길 하소연 할 데도 없고. 그냥 끙끙 앓는 거죠."

그리고 또 다른 공통점 하나. 뾰족한 수가 없다는 것이다.

"사실 더 큰 문제는 수가 없다는 데 있어요. 그냥 막막해요. 하는 것까지 다 해본 것 같은데. 그냥 그렇게 밀려 밀려 여기까지 온 거예요. 그렇다고 뭐 해볼 돈이 있나, 사람이 있나. 가장 큰 문제는 아이디어 자체가 없어요. 처음 생각했던 그림이랑 너무 다르니까 버틸 때까지 버티고 나아지겠지, 나아지겠지 하는데 한계 치에 다다르는 거죠."

그렇게 한계치에 다다르면 결국 손을 들고 포기하는 처지에 이른다. 그렇게 간판은 바뀌고 또 바뀐다. 이 절박한 순간이 오면 많은 상인들은 심리적으로 쫓기다 못해 지치는 상태에 이르고 이 지점을 넘기면 그냥 자포자기하는 상태에 이르는 것이다.

지금은 골목상권의 챔피언이 된 아비꼬카레의 최재석 대표도 그 마음을 잘 알았다. 젊은 나이에 경험없이 시작한 그 역시 가게를 내놓아야 하는 상태에 몰렸었다. 그런데 그런 그를 살려낸 건 '마지막 한 번!'이라는 오기와 그 위기의 순간 자신을 꼼꼼히 들여다볼 수 있는 '초심'이었다.

"부동산에서조차 저희 가게 터를 포기했을 정도로 문제의 가게였으니까 정말 한계 끝까지 간 거였죠. 그런데 그 순간 오기가 발동했습니다. 억울했죠. 이렇게 끝내고 싶지 않았습니다. 그런 마음이 생기니 초심으로 돌아가더라고요. 제대로 된 일본카레를 한국에 소개해보겠다는 처음의 그 마음으로. 어차피 이렇게 된 거 양껏 카레라도 맛보게 만들자. 이게 그때의 마음이었죠. 그러니 거꾸로 사람들이 들기 시작했어요. 정말 거짓말처럼. 그러니 희망이 보였고 그간의 제 문제점들을 좀 더 객관적으로 볼 수 있는 여유랄까 시각이 열린 거죠."

내가 만났던 많은 챔피언들은 하나같이 말한다.

"잘 안 되는 점포는 분명 그 이유가 있습니다. 오히려 밖에서는 그 이유를 너무 잘 알아요. 잘 안 되니 직접 대놓고 말 못 할 뿐이죠. 그냥 지나치면서도 우린 이런 생각들을 합니다. 허 이 가게 장사 되겠어? 그런데 그게 자기 눈에만 보이질 않죠. 망하려고 시작한 사람은 없으니까. 다들 희망으로 시작하지만 현실은 희망으로만 이뤄질 순 없는 거죠."

만약 오늘 당신이 힘들다면 냉정하게 자신을 되돌아보시길. 주변의 이야기에 귀 기울여보시길. 그동안 버텨낸 지난 시간들을 떠올려보시길. 오기를 가지시길. 그리고 다시 새롭게 지금의 문제점들을 하나도 좋고 두 개도 좋으니 바꿔가며 도전해보시길.

- 착한 자에게 복이 오더이다.

내가 그들을 만나며 황당했던 순간들을 떠올린다면 단연 이 장면들이었다.

식당이 일요일 날 논다고요?

직원들의 퇴근 시간이 자유라고요?

기반 닦인 영업점을 신규 창업자에게 주신다고요?

파는 빵의 수량을 정해놓고 판다고요?

가격을 20년간 올리지 않았다고요?

조리 방법을 공개한다고요?

그리고 더욱 중요했던 건 이 모든 것이 결코 사업적인 계산이나 전략적인 판단이 아니었다는 것. 대부분이 이런 나의 놀라는 표정이나 반문에 "그게 왜요?"라 되묻는 자세를 보였다는 것.

많은 사람들은 이런 결정을 어리석다 생각할지도 모른다. 그러나 내가 본 그들의 판단은 요즘 말로 착한 결정인 동시에 결과적으로 너무나 영리한 결정이기도 했다. 그들은 착해서 승리할 수 있었다.

그들에게는 그들을 형님, 아버지처럼 따르는 그 무엇과도 바꿀 수 없는 직원들이 있었으며 그저 내가 먹고 싶은 음식을 팔고 있는 상점 주인이 아닌 인간적 교감을 나눌 수 있는 친구로 봐주는 많은 단골과 고객들이 있었다.

많은 사람들이 골목상권의 위기라고 이야기한다. 혹자는 곧 대기업의 간판을 단 빵집과 음식점들이 골목 구석구석을 점령하는 그런 날이 올 것이라 걱정도 한다. 그러나 반문해보고 싶다. 거인들이 운영하는 그 화려하고도 거대한 곳에서 인간적이며 사람 냄새 나는 모습을 본적이 있냐고. 그런 상점을 단골이라 오가는 이가 있냐고. 매년 수없이 많은 직원들이 새로 입사하고 나가는 그런 회사와 창업 후 단 한 명도 퇴직한 이가 없는 그런 회사와의 경쟁에선 누가 승리할 것 같으냐고.

착한 마음. 혹자는 이를 진정성이라고도 표현하고, 인간성이라고도 이야기한다. 혹자는 사랑이라고도 이야기하고, 공명하는 마음이라고도 이야기한다. 그 표현이 무엇이든 분명하게 느낀 건 이런 것이다! 거인의 등장과 거인의 습격이 매우 두렵고 무서운 일일지

라도 골목상권의 그들에게서 희망을 발견했다는 것. 거인들은 결코 흉내 낼 수 없는 강력한 무기, 착한 마음이 그들에겐 있다는 것. 그리고 앞으로도 그 힘은 더욱 강력해질 거라는 것!

새로운 챔피언들을 꿈꾸며

난 대학 졸업 후 계속 기자질이다. 장사와는 거리가 멀다. 심지어 나를 파는 일에도 궁색하다. 이 사회의 많은 관계 속에서 내 의지와는 관계없이 '갑'질을 하는 직업을 갖고 있으니까. 그래서인지 난 장사엔 젬병이고 이를 딱히 경험할 기회도, 그 기회를 찾고 싶은 마음도 없었다.

그랬던 내가 이들에게 관심을 갖게 된 것은 사실 우연에 가깝다. 애초 목적도 그들이 아닌 거인이었다. 사회적 문제가 되고 있는 거인들의 횡포가 진실인지, 만약 진실이라면 그 정도가 어느 수준인지, 유통기자로서 직접 눈으로 확인하고 싶었다. 기자의 직업병이자 기자질의 대한 욕심이었다.

그런데 알면 알수록 내 눈에 보인 건 거인이 아닌 그들에 맞서 승리하고 있는 아주 작지만 강한 골목 구석구석의 챔피언들이었다.

내 취재의 목적과 대상은 서서히 그들로 변화하기 시작했다. 그리고 결국 그렇게 만난 많은 골목의 상인들 그리고 챔피언들의 인터뷰들을 기반으로 이렇게 책까지 내게 되었다. 이 책은 그중에서 성공한 골목상권 챔피언들의 이야기다.

김밥, 카레, 태국요리, 중국요리, 일본식 도시락, 빵 등 다양한 요리로 우리 골목을 풍요롭게 만들어주고 계신 그들의 살아 있는 이야기를 최대한 잘 전달코자 노력했다. 하얀 눈밭을 뚜벅뚜벅 걸어간 그들의 노고에 박수를 보내고 싶었고 그 발자국을 토대로 새로운 길을 걸어갈 새로운 챔피언들에겐 용기를 주고 싶었다.

이 책에서 소개하고 있는 10명의 챔피언들이 마치 골목상권 챔피언들의 모든 것처럼 읽히지 않기를 바랄 뿐이다. 그들을 통해 소개했던 귀중하지만 편협한 좌표들은 많은 문제들에 직면한 다른 골목상권 개개인들에겐 마음 편치 않은 이야기가 될 수도 있음을 잘 알고 있다. 그들의 이야기가 하나의 좌표이자 답이 아닌 새로운 질문의 시작점이 되었으면 좋겠다는 것이 내 작은 소망이다.

내가 만났던 골목상권 챔피언들이 위기에서 스스로에게 묻고 새로운 길을 찾고 개척했듯이, 또 다른 이들이 엄청난 열정과 기발한 방법들로 끊임없이 도전해주기를, 앞서 선배들의 모습처럼 그렇게 거인들과의 싸움에서 승리해주기를, 그렇게 우리 주변 골목 구석구석에서 새로운 챔피언들로 탄생해주기를 진심으로 마음 깊이 기대해본다.

골목상권
챔피언들

골목상권 챔피언들
그들은 어떻게 거인들과의 싸움에서 승리했는가?

초판 1쇄 인쇄 2013년 7월 30일
초판 1쇄 발행 2013년 8월 5일

지은이   조성진
펴낸곳   도서출판 이와우
주소   경기도 고양시 일산동구 마두동 750 5층
이메일   editorwoo@hotmail.com

출판등록 2013년 1월 24일 제396-2013-000005호

정가는 뒤표지에 있습니다. 이 책은 저작권법에 의하여 보호를 받는 저작물이므로 무단 전재와 복제를 금합니다.
잘못된 책은 구입하신 곳에서 교환해 드립니다.

ISBN 978-89-98933-02-9 (03320)